Rudolf Bohren

Wiedergeburt des Wunders

Predigten, Gebete
und ein Lied
komponiert von Helmut Tacke

Neukirchener Verlag

© 1972 – 2. Auflage 1977
Neukirchener Verlag des Erziehungsvereins GmbH,
Neukirchen-Vluyn
Alle Rechte, auch die des auszugsweisen Nachdrucks,
der fotografischen und akustomechanischen Wiedergabe
und der Übersetzung, vorbehalten
Die Rechte am Liedsatz auf S. 133 bleiben beim Komponisten,
Helmut Tacke, Wuppertal
Umschlag- und Liedgestaltung (S. 133): Kurt Wolff, Düsseldorf
Gesamtherstellung: Breklumer Druckerei Manfred Siegel
Printed in Germany – ISBN 3-7887-0343-1

CIP-Kurztitelaufnahme der Deutschen Bibliothek

Bohren, Rudolf
[Sammlung]
Wiedergeburt des Wunders: Predigten, Gebete
u. e. Lied komponiert von Helmut Tacke. –
2. Aufl. – Neukirchen-Vluyn: Neukirchener Verlag,
1977.
ISBN 3-7887-0343-1

Inhalt

Vor-Worte

Auch das Reich Gottes, als Reich des *lebendigen* Gottes, ist nicht eine fertige, sondern eine werdende Welt; es ist die Fortsetzung der Schöpfung, dem letzten Ziele entgegen. Aus seinen Tiefen quillt unaufhörlich das *Neue* Gottes — das Wunder.　　　　*Leonhard Ragaz*

»Verwunderung« kommt von »*Wunder*«. Und da hilft nun schon nichts: Wer sich mit der Theologie einläßt, läßt sich vom ersten Schritt an und bis hin zum letzten mit dem Wunder ein . . . Theologie ist nicht nur, sie ist aber notwendig auch: Logik des Wunders.
　　　　　　　　　　　　　　　　　Karl Barth

Wunder stehen mit naturgesetzlichen Wirkungen in Wechsel: sie beschränken einander gegenseitig, und machen zusammen ein Ganzes aus. Sie sind vereinigt, indem sie sich gegenseitig aufheben. Kein Wunder ohne Naturbegebenheit und umgekehrt.　　　　*Novalis*

Die Behauptung, daß ein Ereignis ein Wunder sei, setzt sich in ausdrücklichen Widerspruch zu seiner Konstatierung als eines Weltereignisses.
　　　　　　　　　　　　　　　　Rudolf Bultmann

Und bei den Christen, die sich auf wunderbare Weise zusammengeschlossen haben, wird man sehen, daß sie am Anfang mehr durch die Wunder als durch Ermahnungen bestimmt worden sind, die Sitten und Gebräuche der Väter aufzugeben und andere zu wählen, die von diesen ganz verschieden waren.
　　　　　　　　　　　　　　　　　　Origenes

Meine Überzeugung ist, daß die Juden nicht im Großen bekehrt werden, ehe sie die Kraft Christi auch in Zeichen und Wundern wieder an den Christen zu sehen Gelegenheit haben.

Johann Christoph Blumhardt

Weil aber mit Jesus das Reich Gottes hervortritt, so bricht auch mit ihm das Wunder in neuer Gewalt und Fülle auf, wie es weder bei den Propheten noch bei Moses auftritt. Und es wird *zunehmen* in dem Maße, als das Reich Gottes zunimmt. Es ist in der apostolischen Gemeinde als Werk des Heiligen Geistes, des creator spiritus hervorgebrochen, hat nie ganz aufgehört und wird in dem Maße wieder hervorbrechen, als der Heilige Geist wieder ausgegossen wird.

Leonhard Ragaz

Gott arbeitet immer auf den Trümmern des frommen menschlichen Stolzes und der Feigheit.

Josef Hromádka

Eines Tages
Als wir erwachten
War alles
Verändert.

Ariel Canzani

Wir sind dem Aufwachen nah, wenn wir träumen, daß wir träumen.

Novalis

Erwacht erwacht!
Alles lebt für immer.
Alles ist für immer schön.
Es könnte gar nicht mehr sein
ohne schön und licht zu sein.

Hans Arp

Die hier angeführten Zitate wollen zum Nachdenken anregen. Sie sind — wie auch die späteren Zitate zu den Texten Ps 126 und Mk 2, 1—12 — Denk-Material, nicht so sehr Bekenntnis — das erfolgt in der Predigt — als vielmehr ein Angebot zum Meditieren. Wie denn überhaupt diese Sammlung ein Angebot zur Meditation sein möchte: Was ein Wunder ist, kann nur in Verwunderung begriffen werden, und wer meditiert, wird sich wundern.

Predigten über Wunder wollen nicht so sehr eine Theorie des Wunders geben — obwohl sie eine solche Theorie haben —, sondern vielmehr Menschen für die Wunder und die Wunder für Menschen öffnen. Wunder sind mitteilbar, und Wunder werden mitgeteilt, damit sie überraschen. Eine Geschichte aus dem alten Bibelbuch wird gepredigt — auch gedruckt und gelesen — um der vor uns liegenden Wunder willen. Würden keine Wunder vor uns liegen, wäre das Predigen sinnlos. Vor uns liegende Wunder aber wollen angesagt sein; denn das ist vorläufig die Schwäche aller Wunder, daß sie des Worts bedürfen. Des Worts, das seinerseits wundertätig wirkt, wie Johann Olearius singt:

Dein Wort bewegt des Herzens Grund,
dein Wort macht Leib und Seel gesund.

In dieser Richtung wäre weiter zu singen. Arnim Juhre hat mir empfohlen, zu jeder Predigt ein Kirchenlied zu schreiben. — War ich früher der Meinung, ein solches Unternehmen wäre heute aus verschiedenen Gründen nicht möglich, nicht zuletzt wegen der Kunstfeindlichkeit der Gemeinden, versuchte ich nun zu Psalm 126 zunächst Meditationstexte zu verfassen, die ich zwar nicht unbedingt für gemeindegemäß, wohl aber für sachgemäß hielt. Ich hatte jedoch die Gemeinde unterschätzt, die Aufnahme dieser Texte überraschte.

Fragt jemand, warum denn diese Texte auf einmal in Kleinschreibung dastehn, so meine ich, Kleinschreibung unterziehe die Sprache einer freiwilligen Armut, die Wörter werden gleichsam demokratisiert und erhalten dadurch unter Umständen mehr Gewicht. Ihre Mehrdeutigkeit wird deutlicher. Kleinschreibung möchte die Sprache öffnen, möchte helfen, sie beim Wort zu nehmen. Zur künstlerischen Problematik eines solchen Textes verweise ich auf meine Erörterung in dem Essay über »Die Angst des Tormanns beim Elfmeter«, die im Sammelband »Angst in der Kirche« erscheint.

Die Sammlung meiner letzten Wuppertaler Predigten (Barmen-Gemarke) enthält auch eine Grabrede. Ich meine, ein Hinweis auf eine langjährige Mitarbeiterin an der Kirchlichen Hochschule durfte gerade im Zusammenhang der Thematik dieses Bändchens nicht fehlen.

Berlin, Ostern 1972   Rudolf Bohren

Drei Wege in die Freude

Ein Wallfahrtslied.
Als der Herr wandte Zions Geschick,
da waren wir wie Träumende,
da war unser Mund voll Lachens
und unsre Zunge voll Jubels.
Da sprach man unter den Heiden:
»Der Herr hat Großes an ihnen getan!«
Ja, der Herr hat Großes an uns getan;
des waren wir fröhlich.
Wende, o Herr, unser Geschick,
wie du im Mittagsland
versiegte Bäche wiederbringst.
Die mit Tränen säen,
werden mit Jubel ernten.
Man schreitet dahin unter Tränen
und streut den Samen,
mit Jubel kehrt man heim,
trägt hoch seine Garben.
Psalm 126

Die christliche Religion ist die eigentliche Religion der
Wollust.
Novalis

Wege in die Freude - Erinnerung

Zunächst möchte ich auf drei Wege hinweisen, die in keinem Stadtplan stehn und nicht leicht zu finden sind, drei Wege, die von verschiedenen Seiten durch verschiedene Gelände an einen und denselben Ort führen, und dieser Ort ist wie eine Heimat: *Freude*. Sie ist ortsgebunden. Wir kommen *in* die Freude wie *in* die Trauer. Freude ist immer lokal. Und ich möchte, daß jeder von uns den Weg in die Freude findet. — Ich beschreibe drei Wege, die unter uns merkwürdig unbekannt sind, und ich möchte versuchen, jeden einzelnen Weg möglichst genau zu beschreiben, wobei ich den Wegzeichen folge, die der Psalm 126 uns gibt. Der erste Weg ist *ein Weg der Erinnerung:*

Ein Wallfahrtslied.
Als der Herr wandte Zions Geschick,
da waren wir wie Träumende,
da war unser Mund voll Lachens
und unsre Zunge voll Jubels.
Da sprach man unter den Heiden:
»Der Herr hat Großes an ihnen getan!«
Ja, der Herr hat Großes an uns getan;
des waren wir fröhlich.
Psalm 126, 1—3

In der Freude leben heißt, die Erinnerung an vergangene Freude leben lassen! In der Erinnerung wird Leben gelebt, wird Freude erlebt. Erinnerung macht das Leben reich,

»denn es ist ein zweites Glücke
eines Glücks Erinnerung« (Goethe).

13

Der Mensch ist wunderbar gemacht mit der Fähigkeit, sich zu erinnern. Ein Mensch ohne Erinnerung wäre nicht mehr oder noch nicht recht lebendig, wäre ohnmächtig. »Es gibt nichts Lebendigeres als die Erinnerung« (Federico Garcia Lorca).

Sigmund Freud hat gezeigt, welchen Schaden der Mensch erleidet, wenn er sich gewisser Dinge nicht erinnern will und sie ins Vergessen abschiebt. Viele körperliche und seelische Leiden entstehn durch solches Verdrängen. — In der Analyse erinnert sich der Patient des Verdrängten und Vergessenen. »Erinnern — Wiederholen — Durcharbeiten« heißt ein Aufsatz von Sigmund Freud. Die drei Stichworte deuten auf etwas, was seit je auf seine Weise im seelsorgerlichen Gespräch geschieht, in dem Sünden bekannt werden. Wir wissen, wie sehr verdrängte Schuld das Leben hindert und mindert, darum tun wir gut, uns ihrer so zu erinnern, daß wir sie zur Sprache bringen; dann wird Schuld nicht verdrängt, sondern vergeben. Das wissen wir heute sehr gut.

Was wir aber meist nicht wissen: es gibt auch verdrängtes, vergessenes Heil. — Im Psalm 137 wird das Vergessen dem Verdorren gleichgesetzt: »Vergesse ich deiner, Jerusalem, so müsse meine Rechte verdorren.« Der Jude, der Jerusalem vergißt, verkrüppelt, und es könnte wohl sein, daß unsere christliche Krüppelhaftigkeit mit dem Vergessen Jerusalems, d. h. mit dem Vergessen der Heilsgeschichte, zusammenhängt. Wer vergißt, was Gott für ihn und die Welt getan hat, verliert Gott. Wer Gott verliert, verliert das Leben. Vielleicht geschieht solches Verlieren allmählich und unbemerkt. Vergeßlichkeit bedroht unser Leben in Zeit und Ewigkeit. »Vergiß nicht, was er dir Gutes getan hat« (Ps 103, 2). — Im Erinnern wird das Gute, das Gott getan hat, behalten. Darum ist das immer neue Lesen der Bibel, das Meditieren eine lebenswichtige Angelegenheit. Auch wir brauchen eine Predigt, die in uns die Erinnerung an Gottes Taten wach hält und das vergessene, verdrängte Heil zum Vorschein kommen läßt. Gerade im Blick auf das verdrängte Heil geht es um ein Erinnern, Wiederholen, Durcharbeiten. Das Erinnern an geschehenes Heil kann zur Erfahrung neuen Heils führen; die Erinnerung an geschehene Freude wird neue Freude wecken. Solche Erinnerung bleibt nicht auf die eigene Vergangenheit beschränkt. Eigene Vergangenheit ist nicht immer erfreulich. So ist es denn gut, daß wir noch eine andere Vergangenheit durchzuarbeiten haben, eine fremde Vergangenheit, um die eigene zu erweitern. Erinnerung ist übertragbar. Das läßt sich am besten am eigenen Beispiel verdeutlichen.

Mein alter Vater hat dem Knaben ungezählte Geschichten aus seinem Leben und aus dem Leben unseres Dorfes erzählt. Er hat mir seine Erinnerungen mitgeteilt. Seine Erinnerung ist meine Erinnerung geworden, und das ist eine schöne, eine beglückende Sache, vielleicht das Beste, was mir mein Vater geschenkt hat. Darf ich das einmal so sagen: Die Erzählungen meines alten Vaters in meiner Knabenzeit haben meine Seele reich gemacht. — Freilich hat nicht jeder einen Vater, der ihn innerlich reich macht mit schöner Erinnerung. Dem Psalm 126 gegenüber macht das nichts; denn dieser vertritt nun gleichsam Vaterstelle für uns. Hier spricht ein alter Vater zu uns, der kann jede Seele reich machen und weit. Der Psalm ist ein Vater, der uns seine Erinnerung mitteilt, und seine Erinnerung ist das Beste, was er uns hinterlassen hat.

»Als der Herr wandte Zions Geschick,
da waren wir wie Träumende,
da war unser Mund voll Lachens
und unsere Zunge voll Jubels.
Da sprach man unter den Heiden:
›Der Herr hat Großes an ihnen getan!‹
Ja, der Herr hat Großes an uns getan;
des waren wir fröhlich.«

Aber wie kann nun die Erinnerung dieses Psalms zu unserer Erinnerung werden? Wie kann das zugehn, daß dieser alte Vater, der Psalmist, unser Leben reich und weit macht? Wie können wir den Weg zurück gehen, daß unser Mund voll Lachens und unsere Zunge voll Jubels wird? Nur so, daß der jetzt hier ist, den unser Psalm als »Herr« besingt.

Ich glaube, daß dieser »Herr« jetzt herrenmäßig unter uns ist, und wo er herrenmäßig wirkt, ruft er sich in Erinnerung. Erinnerung bleibt tot, wenn nicht etwas vom Erinnerten wirkt. Er ist jetzt hier, insofern der Psalm an ihn erinnert. Aber das genügt nicht, er muß noch anders hier sein. Nicht nur passiv. Nicht nur so, daß an ihn erinnert wird. Auch aktiv. Auch so, daß er sich selbst in Erinnerung ruft. Etwas vom Erinnerten repräsentiert ihn, wird aktiv, wird wirksam. Dieses »etwas vom Erinnerten« nennen wir den Heiligen Geist. Ohne Heiligen Geist bleiben die Worte, die wir hörten, tote Buchstaben, leere Worte. Wenn aber der Schöpfer Geist an uns und in uns wirkt, wird die Erinnerung Israels zu unserer Erinnerung, wir werden hineingenommen in die Geschichte des Gottesvolkes. Nach dem Johannesevangelium ist Jesus gekommen, um diesen Geist anzusagen, um dessen Wirken anzukündigen. Sein Kommen macht dem Kommen des Geistes Platz. Er vermittelt diesen Geist. So ist es Jesu und des Geistes Werk, daß Israels Geschichte unsere Geschichte wird. Eine vaterlose Gesellschaft bekommt durch Jesus neue Väter, die Väter Israels. So sieht der Hebräerbrief den Gottesdienst der Gemeinde als Vereinigung mit Israel: »Ihr seid gekommen zu dem Berge Zion und zur Stadt des lebendigen Gottes, dem himmlischen Jerusalem« (12, 22).

Es ist ein kaum auslotbares Geheimnis, von dem die Narren nichts wissen, daß wir durch den Geist verbunden werden mit dem Volk des alten Bundes. In diesem Verbund erweitert der Geist unser Bewußtsein; er erweitert unsere Erinnerung um die Erinnerung Israels.

Er gibt uns eine neue Geschichte. Wir erkennen: Die Geschichte Israels, mitsamt der Geschichte des Jesus von Nazareth, wird zu unserer Geschichte; dann wird also Israels Freude zu unserer Freude? Dann wird Israels Lachen die Kirchen füllen, und das Gejubel und Gejauchze wird auf die Straße hinaus dringen? Das hätte eigentlich längst schon passieren müssen. Warum sitzen wir denn nicht alle schon längst mitten in der Freude? Ich sage: »Gott ruft sich selbst in Erinnerung« — und, muß ich hinzufügen: »wir selber erinnern uns«. Gott hat uns das Erinnerungsvermögen nicht gegeben, damit wir fortwährend vergessen, was er getan hat. Wir haben eine Vorstellungskraft bekommen, damit wir uns vorstellen können, was er uns vorstellt. Hierbei müssen wir beachten, wie der Geist wirkt:

Wenn der Heilige Geist herrenmäßig unter uns wirkt, kann er wie ein Blitz einschlagen und alle Distanz zwischen den Menschen und der Geschichte Gottes wegschmelzen. — Er kann sich so in Erinnerung rufen, daß er zur Erinnerung zwingt.

Der Heilige Geist kann aber auch da sein, als wäre er nicht da, so da sein, daß er auf uns wartet, still wie das Nichts, verdrängt, vergessen, an unserer Vergeßlichkeit leidend.

Ich kenne einen kleinen Herren, der muß sich ständig bemerkbar machen. Ein kleiner Geist muß, sobald er da ist, die Aufmerksamkeit auf sich lenken. Aber der Heilige Geist ist kein kleiner Herr und kein kleiner Geist. Kein Wicht, der sich wichtig machen muß. Er kann sich damit begnügen, da, einfach da zu sein, ob ihn jemand beachtet oder nicht. Er kann es sich leisten, nur Schmerz zu sein, unserer Vergeßlichkeit wegen.

Es scheint dann, er lasse uns mit dem alten Text und unserer Vorstellungskraft allein. Aber das ist nicht seine Absicht: Wer seine Phantasie braucht und sich den Text vorsagt und vorstellt, wird mit der Zeit entdekken, daß etwas mit ihm geschieht von Gott her. Das Nachsinnen über die Bibel hat Verheißung. Wir mobilisieren unsere Seelenkräfte in der Hoffnung, daß Gott selbst seine Kraft mobil macht. In diesem Sinn wollen wir versuchen, uns der Psalmverse zu erinnern, sie wiederholen und durcharbeiten.

»Als der Herr wandte Zions Geschick«, Zion wird hier gebraucht als »Inbegriff des im Zentralheiligtum versammelten Gottesvolkes«. Der Psalm erinnert an eine »wunderbare Schicksalswende, die das Gottesvolk erlebte« (Kraus). Martin Buber übersetzt: »Als ER kehren ließ die Heimkehrerschaft Zions.« Der Vers erinnert an ein reales geschichtliches Erleben. Im Jahre 539 oder 520 kehrten die Verschleppten aus dem babylonischen Exil zurück; der zweite Jesaja hatte diese Rückkehr angekündigt. Er sprach von einer Traumstraße Gottes quer durch die Wüste, quer über Hügel, die sich senken, durch Täler, die sich heben. Unser Psalm nimmt den Überschwang des zweiten Jesaja auf wie ein Widerhall. Er tut es in einer Zeit, als eine unvorstellbare Krise über das Gottesvolk hereinbrach. So schrie damals ein namenloser Prophet: »Das Recht bleibt ferne, und das Heil erreicht uns nicht« (Jes 59, 9).

In dieser heillosen Zeit geht der Psalmist den Weg zurück zum Heil. Das Heil war da, einmal.

»Als der Herr wandte Zions Geschick,
da waren wir wie Träumende.«

In der Krise erinnert sich der Psalmist, daß Gottes Handeln unsere Erfahrung, unsere Denk-Möglichkeit übersteigt. Nicht zufällig heißt es im nächsten Psalm: »den Seinen gibt er's im Schlaf« (127, 2):

Wo Gott in die Freiheit und in die Freude führt, wissen wir nicht, wie uns geschieht. So glaubte ein Petrus zu träumen, als er aus dem Gefängnis befreit wurde (Apg 12, 9). Größte Dinge tut Gott an uns, ohne unser Wissen. — Wären wir nicht als Säuglinge getauft worden, hätten wir sehr wahrscheinlich auch nur eine traumhafte Erinnerung an ein Geschehen, das uns in den Tod Jesu Christi hineintauchte.

Zu diesem traumhaften Reagieren gehört wohl auch das riesige Gelächter als spontane Reaktion auf das, was ihnen geschieht. Von Babylon bis Jerusalem ein Gelach, aus allen Mündern platzt es heraus, das Lachen derer, die unterdrückt waren und jetzt frei sind.

Das Lachen wird unterbrochen und abgelöst durch Freudenschreie. »Jubel« ist nach Grimms Wörterbuch »die laute, schallende Freude«. Im Schweizerdeutschen gibt es dafür den Ausdruck »Holeien«. Wenn bei einem Fest ein wenig zu laut gelacht, geschrieen und gesungen wird, sprechen wir von »Holeien«. Hier kann keine Rede sein von den »Stillen im Lande«. Wo Israel die Freiheit findet, gleicht seine Reaktion eher der Popmusik als dem Harmoniumspiel. Die Phonstärke dieser Reaktion muß bemerkenswert gewesen sein.

Sogar die Heiden reagieren. Wie später in den neutestamentlichen Wundergeschichten gibt es einen Chorschluß: Die Augenzeugen bestätigen das Unerhörte des Wunders. So bestätigen nach der Heilung des Gichtbrüchigen »alle«, daß sie solches noch nie gesehen haben. Hier bilden die Heiden den Chor, der die Heimkehr kommentiert. Fragten die Völker früher hohnvoll: »Wo ist denn ihr Gott?« (Ps 79, 10 und 115, 2), müssen sie jetzt zugeben: »Der Herr hat Großes an ihnen getan.« Israels Lachen hat Weltgeltung. Kann Israel lachen, hat die ganze Welt etwas zu lachen.

Die Anerkennung der Heiden aber stärkt den Glauben Israels und mehrt die Freude: »Ja, der Herr hat Großes an uns getan, des waren wir fröhlich.« Martin Buber übersetzt: »Frohe waren wir worden.« An diese fröhliche Zeit erinnert der Psalmsänger in einer Situation, in der ihm gar nicht ums Lachen und Jubeln ist. Und er ruft damit sich selbst und alles Volk auf, den Weg zurück in die Freude zu gehen. Ich kann mir nicht vorstellen, daß er in der Erinnerung an das Erleben der Schicksalswende freudlos blieb,

»denn es ist ein zweites Glücke
eines Glücks Erinnerung«.

Auch kann ich mir nicht vorstellen, daß ein Mensch
sich durch diesen Psalm erinnern läßt, ohne daß sein
Leben verändert wird in Richtung Freude.
Die Erinnerung hat viele Stationen auf dem Weg in die
Freude. Ich möchte zum Schluß diese Stationen durch
einen Hinweis auf (den zur Zeit der Predigt eben neun-
zig Jahre gewordenen) Picasso illustrieren: Es gibt Bil-
der von Picasso, auf denen er ein Gesicht zwei-drei-mal
ineinander malte, ein Profil wird hinter oder in das andere gemalt. Das Bild, das von unserem Text her zu
malen wäre, hat vier oder fünf Profile.
Das erste Profil zeigt die Erinnerung an die Heimkehr
aus der Gefangenschaft: »Da waren wir wie die Träu-
menden.« Da der Geist Jesu Christi Gegenwart und
Zukunft umfaßt, verbindet er uns mit jener Schicksalswende. Wir haben wie Israel damals das Gefängnis hinter uns. Mit diesen drei Psalmversen läßt sich Freude
leben.
Das zweite Profil: Der Psalmsänger lebt in einer Krisen-
zeit. Das Volk Gottes geht in der Krise den Weg zurück
in eine Zeit, da es Gott erfahren hatte. Das ist beispiel-
haft für uns. Wer in einer Krise drin steckt, kann sich
an geschriebenes Heil, geschehene Freude erinnern.
Das dritte Profil: Hier sehe ich Kreuz und leeres Grab
und feurige Zungen über Apostelköpfen. Die Schicksalswende ist nicht nur für das Jahr 539 oder 520, sondern ein für allemal geschehen. Erinnerung an geschehenes Heil gibt es nicht ohne Erinnerung an den einen
und einzigen Heilbringer, der alles Heil umfaßt.
Ins vierte Profil wäre die ganze Kirchengeschichte hin-
einzumalen als eine Geschichte von Befreiungen. So
hat etwa Martin Luther am 1. und 2. Dezember 1536 in
der Schloßkirche Wittenberg über unseren Psalm gepredigt. Er schildert, wie die Gewissen im Papsttum an
Menschensatzungen gebunden waren. Die Reforma-

tion brachte hier die Befreiung. Luther sagte damals:
»Wir können gehen und fröhlich sein und, wenn es
recht zugeht, klingen unsere Worte wie im Traum und
trunken. Denn es ist eine unaussprechliche Freude, daß
wir dieser Gefangenschaft entkommen sind und nun
gegenüber der Herrschaft des Papstes das reine Paradies
vorhanden ist.« — Und wenn wir dieses Paradies unserer Väter im Glauben verloren haben, wird es uns jetzt
in Erinnerung gerufen. Wir sind eingeladen, dieses verlorene Paradies in der Erinnerung zu suchen, um es für
unsere Gegenwart zu entdecken. Luther sah im Psalm
126 seine eigene Geschichte und die seiner Reforma-
tion. Der Psalm 126 gehört auch uns:
Schon stehen wir vor dem fünften Profil, das für viele
noch undeutlich wirkt. Im fünften Profil sehen wir uns
selber, uns als Gemeinde. Ich denke, daß jeder von uns
schon eine reine, schöne Freude erlebt hat, und in dieser Freude war Gott drin.
»Vergiß nicht, was er dir Gutes getan hat.«
Leider gibt es nicht nur schöne, erfreuliche, sondern
auch böse, uns gefangennehmende Erinnerungen. Den
von solcher Erinnerung Geplagten gilt der folgende
Text:

dein gefängnis nach rückwärts
vergittert mit erinnerung
erlaubt nur ein gehen im kreis

wenn eine tür aufginge
eine tür zur erinnerung israels

an das gelächter
an das holeien
der traumstraßenheimkehr
zu lachen das lachen
zu holen das holeien
zu träumen den traum
die wahrheit
deiner freiheit

wenn eine tür aufginge
würdest du nicht mehr gehen im kreis
würdest du anfangen den weg

Wege in die Freude - Klagen

Wende, o Herr, unser Geschick,
wie du im Mittagsland
versiegte Bäche wiederbringst.
Psalm 126, 4

Heute betrachten wir einen zweiten Weg in die Freude.
Er fängt genau dort an, wo der erste Weg nicht mehr
weiterführt. Die Verse 1—3 zeigten: der Weg in die
Freude ist ein Weg der Erinnerung. Vers 4 zeigt: der
Weg in die Freude führt über die Klage.
Aber wer kann denn heute klagen? Vielleicht trauen
wir zunächst diesem Weg in die Freude nicht ganz, weil
wir gar nicht mehr wissen, was das ist — klagen!
Vilma Sturm hat vor einiger Zeit in der FAZ geschrieben: »Uns ist ein Wort und damit ein Tatbestand ab-
handen gekommen, dessen Verlust zu bedenken wäre:
die Klage. Es gibt die Klage nicht mehr. Es gibt an jeder
Straßenecke, in jedem Kaufladen, in jedem Omnibus,
an jedem Kaffeehaustisch, wo nur zwei oder drei zu-
sammensitzen, die Mitteilung von Beklagenswertem.
Ihr Gegenstand ist vor allem Krankheit und vielerlei
Leiden, sind steigende Preise, mißratene Kinder, sind
die Zeitverhältnisse insgesamt. Man lamentiert« (2. 11.
1970, Nr. 254, S. 22). Wir Christen verstehen uns präch-
tig aufs Lamentieren. »Ja, das waren noch Zeiten, als
es Erweckung gab in Wuppertal; aber jetzt . . .« — »Ja,
die Zeit der Bekennenden Kirche, das war was, aber
jetzt . . .« Man erinnert sich der guten alten Zeit, um
die Gegenwart anzuklagen; aber solche Erinnerung
führt nicht in die Freude, und solche Anklage zeigt, wie
sehr wir Christen das Klagen verlernt haben.
Wer in die Freude will, darf die Klage nicht scheuen.
Freude muß unter Umständen durch Schmerz hindurch
gelebt werden, und das Holeien, das Lachen und Jauch-

zen und Jubeln bleibt uns dann fremd, solange wir nicht lernen, mit Israel zu klagen. Ich denke, das haben wir alle nötig, wir Christen, daß wir wieder lernen, was wir nicht können: klagen.

Wer zur Freude will, lerne die Klage!

Daß Klagen eine nötige und heilsame Sache ist, wird jedem einsichtig, der weiß, wie ein Kranker in seiner Depression nicht mehr weinen, nicht mehr klagen kann. Wo die Gegenwart um einen Menschen als Gespenst aufsteht, kann es einen Schrecken geben, der nicht mehr schreit. — Qual macht stumm, und wo der Mensch verstummt, wächst seine Qual. —

Ich vermute, wir Christen gleichen heute alle miteinander ein wenig einem Depressiven. Aber vielleicht stimmt meine Vermutung nicht ganz, vielleicht können wir vor lauter Hochmut und Gleichgültigkeit nicht klagen: aus welchen Gründen wir auch immer nicht klagen können, es versperrt uns den Weg in die Freude: »Klagt nichts so sehr, als dies, daß klagen ihr nicht könnt«, mahnt Friedrich von Logau.

Unser Nicht-klagen-Können zeigt sich wohl auch darin, daß wir das Weinen, das ja auch ein Ausdruck der Klage sein kann, für unmännlich, ja beinahe für unanständig halten. Ich empfinde es z. B. als leicht peinlich, wenn jemand in meiner Nähe weint. Solche Reaktion deutet wohl auf eine Tabuisierung der Tränen. Tränen sollen nicht sein! Ungeweinte Tränen aber sind — wie ungelachtes Lachen — ungelebtes Leben. Ich denke, die Verdrängung der Tränen, das Verlernen der Klage hängt mit einer falschen Predigt zusammen, nach der ein Christ immer fröhlich sein und immer lächeln soll. Diese Predigt verkennt, daß Jesus einmal abwischen wird alle Tränen, daß aber jetzt noch eine Zeit ist, in der es Tränen gibt.

In der Christenheit gab es früher einmal eine Gabe der Tränen. Man sah es als eine besondere Gabe des Heiligen Geistes an, wenn ein Glaubender im Glauben weinen konnte.

So nennt Symeon, der neue Theologe, ein Vater der Ostkirche, »Rührung und Tränen« einen »König und Feldherrn«, der uns die Tugenden stark macht. Symeon lehrt: »Es gibt für uns Anfänger und Ungeschickte keine andere Tröstung als die Tränen.« — Nach Nil Skorskij wird diese Tränengabe erworben »durch Anschauen der Geheimnisse des Herrn und seiner Menschenliebe«. Sie ist also eine Folge von Reflexion. — Vielleicht finden wir deshalb den Weg in die Freude so schlecht, wir »Anfänger« und »Ungeschickte«, weil wir »die Tröstung der Tränen« verachten und es vermeiden, über die »Geheimnisse des Herrn und seine Menschenliebe« nachzudenken.

Solche Tränen aber gab es nicht nur in der Ostkirche, sondern auch da, wo die Gesellschaft anfing, das Weinen zu verachten.

George Whitefield, ein Mitbegründer der Methodistenkirche, hielt selten eine Predigt ohne Tränen. Einmal sagte er: »Ihr tadelt mich, daß ich weine; aber wie kann ich anders, wenn ihr nicht um euch selbst weint!« Ein solcher Ausspruch macht deutlich, aus welcher Tiefe hier die Tränen kommen. Der Christ Whitefield weint für die, die nicht weinen; er vermag Menschen zu verändern, weil er sich erschüttern läßt. Solche Erschütterung ist das Gegenteil von dem, was wir so gut kennen; das Gegenteil von Erschütterung ist Gleichgültigkeit:

»Klagt nichts so sehr, als dies, daß klagen ihr nicht könnt.«

Ich denke, es wäre für uns alle gut, wenn wir wiederfinden würden, was wir verloren haben, ein Wort und damit einen Tatbestand, die Klage. Darum liegt jetzt der 126. Psalm aufgeschlagen vor uns. Hier können wir von Israel lernen, was wir nicht mehr können.

Wie aber klagt Israel?

Wie unterscheidet sich Israels Klagen von unserem Lamentieren?

Was ist der Unterschied zwischen »Klagen« und »Jammern«, zwischen »Klagen« und »Lamentieren«?

Wer jammert und lamentiert und sich beklagt, der bleibt mit diesem Jammern bei sich selbst. Man unterhält sich mit anderen über sein Elend, d. h., man spinnt sich im Jammern und Lamentieren ein in das, was einen plagt. Im Grunde erwartet man keine Veränderung der Zustände und Verhältnisse. Man bleibt mit sich und seinem Elend allein.

In Israel klagt auch der Einzelne nie privatim, sondern als Glied einer Gruppe. Eine gelehrte Abhandlung hat neulich gezeigt, wie die Klage des Einzelnen in Bitte übergehen kann und umgekehrt. Wo der Einzelne in Not gerät, treten seine Nächsten zu ihm, klagen, bitten mit ihm, für ihn. Das bloße Jammern bleibt richtungslos, heischt im besten Fall Mitleid. Das Klagen aber hat eine ganz bestimmte Richtung. Es trägt das Unerfreuliche in Gottes Zukunft, damit es zur Freude werde.

Und ich denke, dazu sollten wir Christen in allen Gruppierungen einander helfen, daß aus dem Lamento eine Klage wird, daß die Richtung stimmt und die Klage vor Gott kommt. Wer jammert und lamentiert, stochert nur in seinem Elend herum. Wer mit Israel klagen lernt, läßt sein Elend nicht, wo es ist. Er hebt es empor, trägt es nach vorn. »O Herr«, heißt es hier. Das ist das Ziel aller Tränen, Proteste und Klagen. Jahwe – Jesus sind oben, sind vorn, die Adressaten für alle Klagen. Sie sind zuständig und haben Macht und Möglichkeit zur Änderung der Lage.

In unserem Psalm klagt nicht ein Einzelner, das ganze Gottesvolk versammelt sich zur Klage, denn das Gottesvolk ist als Ganzes unterwegs zur Freude. Ich halte dies für einen großen Mangel an unseren Gottesdiensten, daß die Klage in ihnen weithin verstummt ist, daß wir in unseren Gottesdiensten nicht mehr klagen können. Grund und Ursache hätten wir allerdings genug, von Israel zu lernen.

Israel klagt sein Schicksal bei Gott ein.

Israels Klage schreit das Leid der Gegenwart in Gottes Zukunft hinein. Die Erinnerung an vergangene Heilstaten bringt die Gegenwart in eine Krise, zeigt, wie unheilvoll, wie unhaltbar diese ist. Wie es ist, soll es nicht bleiben.

Die Beter klagen für das ganze Volk auf Zukunft:

»Wende, o Herr, unser Geschick,
wie du im Mittagsland
versiegte Bäche wiederbringst.«

Martin Buber übersetzt:

»Lasse DU uns Wiederkehr kehren,
wie den Bachbetten im Südgau!«

Diese Klage auf Zukunft basiert auf der Erinnerung an die Schicksalswende in der Vergangenheit.

Wir müssen da noch ein wenig genauer hinsehn, müssen zwischen den Zeilen lesen: »Als der Herr wandte Zions Geschick«, heißt's in der ersten Zeile. »Wende, o Herr, unser Geschick«, heißt es jetzt zu Beginn des zweiten Weges. — Zwischen den beiden Zeilen ist die Gegenwart aufgestanden als Gespenst, das Israel schreckt. Dürre breitet sich aus. Die Preise klettern in die Höhe (Haggai 2, 16), Rechtsunsicherheit herrscht (Jes 59, 9—11). Man lebt in finstern Zeiten. »Wir straucheln am Mittag wie in der Dämmerung, sitzen im Finstern wie die Toten«, schreibt ein Zeitgenosse unseres Psalms. Ich denke, er könnte auch ein wenig unser Zeitgenosse sein.

Wollen wir den zweiten Weg in die Freude finden, müssen wir im Psalm den Kontrast zwischen damals und heute sehen: »Da war unser Mund voll Lachens.« — Jetzt aber hat das Volk nichts, aber auch gar nichts zu lachen. »Da war unsere Zunge voll Jubels« — und jetzt ist dürftige Zeit. Da kam man triumphierend aus der Gefangenschaft — und jetzt sitzen sie »im Finstern wie die Toten«. Ich denke, diese Spannung zwischen dem

Damals und Heute ist für uns Christen nicht kleiner, sondern größer geworden. Der johanneische Christus sagt vor seinem Sterben: »Es ist vollbracht« (19, 30). Das Neue Testament kann sich nicht genug tun, das nunmehr ein für allemal gewendete Geschick zu rühmen. So etwa im Römerbrief: »Also gibt es jetzt keine Verurteilung mehr für die, welche in Christus Jesus sind« (8, 1). Im Epheserbrief: »Einst wart ihr Finsternis, jetzt aber seid ihr Licht im Herrn« (5, 8). Im 1. Petrusbrief: »Ihr wart ehemals kein Volk, seid jetzt Gottes Volk« (2, 10). Die Gemeinde der Christen lebt eine neue Zeit. »Das Alte ist vergangen« (2. Kor 5, 17).

Ich könnte zu zitieren fortfahren, Stimmen über Stimmen, die jubeln und lachen über die in Christus Jesus geschehene Schicksalswende. Aber diese Stimmen würden alle nur eines deutlich machen: Was in Christus geschah, ist für uns heute geradeso Vergangenheit wie die Rückführung aus der Gefangenschaft für die Sänger des 126. Psalmes. — Die Klage von Vers 4 hat ein Echo im Neuen Testament: »Herr, wie lange noch?« seufzen die Märtyrer unter dem Altar. Sie sind offensichtlich Gott nah; aber sie möchten, daß er eingreift. — Nach Römer 8 seufzt der Geist Gottes selbst für uns, weil wir noch nicht sind, was wir werden. — Vom Neuen Testament her haben wir erst recht ein Recht zur Klage. Jesu Wort am Kreuz macht alles Unvollendete einklagbar. »Wende, o Herr, unser Geschick, / wie Du im Mittagsland / versiegte Bäche wiederbringst.« In diesem Sinn möchte ich Dorothee Sölle verstehen, wenn sie Johannes widerspricht: »Es ist nicht vollbracht.« Ich verstehe einen solchen Satz als Klage, als Klage darüber, daß es nach Jesu Tod immer noch Tod gibt, Kreuzigungen noch und noch. Das dürfte, das sollte doch nicht mehr sein. Mit dem Tod und dem Unrecht haben wir Christen uns nicht abzufinden.

Wo jetzt ein Mensch einen Menschen verloren hat, soll er sich der Tränen nicht schämen. Daß es nach Jesu Sterben immer noch Sterben gibt, ist tatsächlich zum

Weinen. Und wer um einen Toten weint, soll wissen, daß er ein Recht hat zu klagen nicht bloß für sich, sondern für alle Menschen. Denn solange es den Tod gibt, solange bleiben die Bäche unwiedergebracht. Solange das Alte noch regiert, ist Grund zur Klage.

»Wende, o Herr, unser Geschick, / wie du im Mittagsland / versiegte Bäche wiederbringst.« — »Lasse DU uns Wiederkehr kehren, wie den Bachbetten im Südgau.« Das Bild ist poetisch und scheint auch die Technik damaliger Zeit nicht zu übersehen: »Die Regenbäche des Winters versiegen rasch« (Sir 40, 13 f.). Es kann lange trocken bleiben, so lange, daß man meint, es werde nie mehr regnen.

Aber auf einmal gibt's Regen, die Bäche schwellen an, und wo Wasser ist, fängt die Wüste an zu blühen. —

Die Wiederkehr der Bäche bringt paradiesische Fruchtbarkeit! Mit dieser Klage setzt sich Israel ins Bild darüber, was es von seinem Gott zu erwarten hat. Auch wir sollten hierüber im Bild sein.

Gott handelt auch mit uns bachhaft. Er kann da sein, als wäre er nicht da. Die Heiden sehen nichts von seinem Tun, und der Glaube sieht noch weniger. Man kann dann sagen, er sei tot. Und Gottes Menschen sitzen im Finstern wie die Toten. Man spürt nichts von Gott. Aber auf einmal ziehen Wolken auf, es gewittert. In allen Rinnsalen fließen Bäche und Bächlein. Gott wird spürbar, gibt sich zu erkennen. Und wo er spürbar wird, wird die Freude spürbar. Daraufhin ist das Klagen sinnvoll. Jede Klage zu Gott hin ist zur Freude unterwegs und sucht ein verlorenes Paradies.

wir können nicht klagen
verschluckten die tränen
erwürgten die schreie
verlernten das heimweh
wir können nicht klagen

lasset uns lernen
israels klagen

lernen zu weinen
israels tränen
lernen zu schreien
den schrei israels

bis gott dich überschwemmt
und du ertrinkst in der freude

weil ankam
das ende der tränen

Wege in die Freude - Ahnung

Die mit Tränen säen,
werden mit Jubel ernten.
Man schreitet dahin unter Tränen,
mit Jubel kehrt man heim,
trägt hoch seine Garben.
Psalm 126, 5—6

Wir betrachten den dritten Weg in die Freude, und wer diesen Weg betrachtet: schon geht er ihn, schon kommt er in die Freude hinein. Dieser Weg führt nicht nur in die Freude, er macht Freude. Er beginnt, wo die beiden andern nicht weiterführen. Der erste Weg holt die Freude in der Vergangenheit, er ist ein Weg der Erinnerung an das Ende der Gefangenschaft. »Als der Herr wandte Zions Geschick . . .« — Der zweite Weg in die Freude befaßt sich mit dem Unerfreulichen, hebt die Gegenwart in die Zukunft und klagt: »Wende, o Herr, unser Geschick . . .« — Der dritte Weg führt in eine Höhe, die höher ist als der Heilige Berg*, höher als der Bismarckturm, gleichsam auf einen Gipfel im Hochgebirge, dorthin, wo wir noch nicht sind, wo wir sehen, was man sonst nicht sieht: eine Rundsicht und Fernsicht ohnegleichen entzückt das Auge. Man sieht in jene Fernen und Weiten, in denen Himmel und Erde sich berühren, verschmelzen, ineinander übergehen. Man könnte auch sagen, der dritte Weg führt nach vorn, an die Küste, wo kein Haus mehr den Blick verstellt und das Auge über die Wellen geht, die den Himmel spiegeln.
Ich meine: Der dritte Weg in die Freude ist *ein Weg der*

---

* Die Hardt, eine Anhöhe im Wuppertal mit Missionshaus, Kirchlicher Hochschule, Bismarckturm usw., heißt im Volksmund »der Heilige Berg«.

Ahnung. Ausleger erklären uns, der Priester oder Prophet habe diese Verse gesprochen als Antwort auf die Klage des Volkes. Damit bekommt Israel eine Ahnung von dem, was werden wird. In der Ahnung des Künftigen kommt die Freude an.

»Die mit Tränen säen,
werden mit Jubel ernten.
Man schreitet dahin unter Tränen,
mit Jubel kehrt man heim,
trägt hoch seine Garben.«

Der Priester oder Prophet, der so spricht, hat eine Ahnung, die die Enttäuschten, Verbitterten und Zweifelnden nicht haben, noch nicht. — Er spricht, damit die Klagenden eine Fernsicht bekommen, er spricht auch für Leute im Tal.

Jeder Mensch hat ja irgendwelche Ahnungen. Ein Seelenforscher nennt die Ahnung »eine Grundfunktion der Seele«. — Ahnungen können aus dem Unbewußten kommen. C. G. Jung spricht sogar von Ahnungen, die in das Leben der Ahnen hinausgreifen. Jeder Mensch trägt Geheimnisse in sich, die er nicht kennt. Wir alle sind wunderbar gemacht, tragen in uns Weiten und Fernen, von denen wir noch nichts wissen. Das Ahnungsvermögen ist eine ungeheure Möglichkeit der menschlichen Seele. Ahnungen können aus vergessenen Erinnerungen auftauchen. So gibt es dunkle, böse Ahnungen, auch Todesahnungen. »Mir schwant nichts Gutes«, sagt man. — Eine Ahnung bekommt auch der Lernende, der Student von dem, was er studiert. »Überall geht ein frühes Ahnen dem späteren Wissen voraus«, meinte Humboldt. Wie Erinnerung ist Ahnung ein Gedenken. Man denkt nun aber nicht zurück, man denkt nach vorn. Wie Erinnerungen übertragbar sind, so auch Ahnungen. Ahnungen sind mitteilbar. Wie der Psalmist uns in den ersten Versen die Erinnerung Israels mitteilt, so läßt er uns jetzt in den beiden letzten Versen Dinge ahnen, die wir noch nicht sehen. Wir

sollten sie aber kennenlernen. Der Psalm fängt diese Dinge ein in das Bild von Saat und Ernte, für uns ein höchst fremdartiges Bild:
Ich habe noch nie einen Sämann weinen sehen. Auch sät man heute mit der Maschine, und Maschinen weinen nicht. — Die alten Ägypter aber sangen beim Aufreißen des Bodens und beim Streuen der Saat Trauerlieder. Das Säen war für sie ein Beerdigen. Sie begruben den Gott Osiris. — Es ist möglich, daß unser Psalm an die Vorstellungen der Ägypter anknüpft. Er kehrt diese Vorstellung um. Er sagt nicht: Saatzeit ist Trauerzeit. Er sagt: Trauerzeit ist Saatzeit. Er knüpft das Leid der Menschen an die Zukunft der Freude Gottes. So gibt es in einem anderen Psalm die Vorstellung einer himmlischen Buchhaltung über menschliche Tränen:

»Meine Tränen hebst du bei dir auf,
stehen sie doch in deinem Buche« (56, 9).

Auch in unserem Psalm zählen die Tränen. Ihnen wird ein heiliges Recht zugesprochen. Ich gestehe, daß mir beim ersten Überdenken der Text einige Mühe machte, hat man doch allzuoft die Verheißung der Freudenernte dazu mißbraucht, Menschen zu überreden, das Übel in der Welt zu akzeptieren. Auch liegt der Gemeinplatz nahe, daß nach dem Regen die Sonne scheine, gemäß der zweifelhaften Melodie: »Es geht alles vorüber, es geht alles vorbei.«
Bedenkt man aber, daß die Ahnung einer schönen Zukunft denen gegeben wird, die das Elend des Volkes bei Gott einklagen, bildet unser Text keinen billigen Trost. — Sehen wir genau hin, erkennen wir, wie dieser Text uns an die Erde und ihr Leid verweist. Hören wir auf die Übersetzung von Martin Buber:

»Die nun säen in Tränen,
in Jubel werden sie ernten.
Er geht und weint im Gehn,

der austrägt den Samenwurf,
im Jubel kommt einst,
der einträgt seine Garben.«

Das wäre ein falscher Prophet, der die Volksklage quittieren würde mit der Zusage, Gott werde in Bälde das Geschick des Volkes wenden. Der wahre Prophet sagt, jetzt ist die Zeit der Trauer und der Klage, und diese Zeit gilt es zu nutzen. Diese Zeit bekommt im Bilde von Saat und Ernte Ewigkeitswert, bekommt ein Recht auf Zukunft.
Die Mühe, die uns diese Verse machen, ist die Mühe der Hoffnung: in Verzweiflung versinken, geht leicht; sich in Geschäftigkeit verzetteln, geht leicht. Aber Hoffen ist mühsam, eine Mühe allerdings, die froh macht. Was wir leiden, leiden wir in Gottes Zukunft hinein.
Wer weint, weint um die Veränderung der Welt.
Tränen sind Saatkörner.
Aus Tränen wächst etwas.
Was wir sagen, sagen wir dem Kommen Gottes entgegen.
Was wir Vergängliches tun, tun wir ins Ewige.
»Was der Mensch sät, das wird er ernten.«
In der Saatzeit weiß man noch nicht, was aus der Saat wird. Man kann es nur ahnen, in der Ahnung aber bricht die Freude ein in die Trauer. Wer sich durch das prophetische Wort eine Ahnung geben läßt, der ist im Bild.
Es gibt ein Fragment von Novalis, das die rechte Ahnung sehr schön darstellt:
»Nichts ist poetischer als Erinnerung und Ahndung oder Vorstellung der Zukunft. Die Vorstellungen der Vorzeit ziehen uns zum Sterben, zum Verfliegen an.
Die Vorstellungen der Zukunft treiben uns zum Beleben, zum Verkörpern, zur assimilierenden Wirksamkeit. Daher ist alle Erinnerung wehmütig, alle Ahndung freudig.«
Das ist zweifellos einseitig formuliert. Wir haben gese-

hen, daß Erinnerung keineswegs nur »zum Sterben, zum Verfliegen« anleitet. Novalis macht aber deutlich, wie die »Ahndung« unser Leben gestaltet: was wir vom Künftigen ahnen, beeinflußt unsere Gegenwart. — Wer absolut keine Ahnung hat von schöner Zukunft, dessen Gegenwart bleibt grau und freudlos. Wer von Tuten und Blasen keine Ahnung hat, der ist schön dumm. Wer aber schön dumm ist, der hat's nicht schön, der hat nichts zu danken. Der Dumme verfehlt seine Zeit, der Ahnungslose macht alles verkehrt. Wir aber hören das prophetische Wort, damit wir eine Ahnung bekommen! Wer um das Künftige weiß, wird vielleicht weise. Wer das Künftige in Gott sieht, wird sicherlich froh. Wer auf diese Weise sät, weiß schon um die Ernte, sieht im Korn schon die Ähre: im Häßlichen erscheint das Schöne. Er lernt danken, wo er nichts zu danken hat. Auch hier geht ein frühes Ahnen dem späteren Wissen voraus.

Aber wie soll das zugehen, daß die Vorstellungen der Zukunft, die uns die beiden Psalmverse geben, »zum Beleben, zum Verkörpern, zur assimilierenden Wirksamkeit« antreiben? Wie lernen wir zu danken, wo es nichts zu danken gibt? Wie kann man das Künftige in Gott sehen, der doch unsichtbar bleibt? Man könnte auch fragen: Wie können wir Talbewohner auf dem Gipfel im Hochgebirge stehen und den Rundblick genießen, wenn wir a) keine Bergsteiger und b) kurzsichtig sind? — Möglicherweise sind wir über unsere Lage noch nicht orientiert. Vielleicht stehn wir alle doch schon oben! Wir sind in Jesu Namen hier, der uns zu seiner Höhe emporzieht. Dann aber gleicht dieser Gottesdienst ein wenig einer Gipfelrast, und für die Kurzsichtigen gibt's sogar ein Fernrohr! — Dem Bergsteiger hilft allerdings das beste Fernglas nicht, wenn er nicht hindurchguckt. Und dem Gottesdienstbesucher hilft das prophetische Wort nichts, wenn er nicht hindurchguckt, um auf diese Weise seine unbekannte Zukunft zu entdecken. Er ahnt dann, was Gott aus seiner Situation machen wird.

Was aber heißt in diesem Fall hindurchgucken?

Ich möchte das an zwei — vielleicht drei — Beispielen erläutern: — Da ärgert sich einer an seinem lieben Kollegen oder an seinem lieben Verwandten, ärgert sich brandschwarz, ärgert sich zudem über sich selbst, denn er kann seinen lieben Kollegen oder lieben Verwandten nicht ändern. Zum Weinen ist das — da ist nichts zu machen. — Ich kenne einen Mann, der nach Ärger und Wut und wenig Schlaf unsere Psalmverse las:

»Die mit Tränen säen,
werden mit Jubel ernten.
Man schreitet dahin unter Tränen,
mit Jubel kehrt man heim,
trägt hoch seine Garben.«

Und da geschieht's, daß er in diesen Versen oder hinter diesen Versen sich und seinen Gegner sieht und ihrer beider Zukunft. Er entdeckt: »mit Tränen säen«, das heißt jetzt für mich: »dem, der mich geärgert hat, ein Geschenk machen.« Er macht ein Geschenk. Schon kommt bei beiden die künftige Freude zum Vorschein. Dieses Beispiel wirkt ein wenig kitschig. Es verharmlost die Aussaat unter Tränen — verschweigt, daß das prophetische Wort den Jubel erst für die Zukunft ankündigt. Erfolg im Hiesigen und Sichtbaren wird nicht zugesichert. Auch muß der Glaubende, der den Samenwurf austrägt, möglicherweise durch viel Sumpf und Sand, durch Geröll und Fels und Eis hindurch. Ich habe dieses Beispiel aber deswegen erzählt, weil es lehrt, unsere Situation im Wort und durch das Wort zu sehen. Es lehrt, wie man »hindurchguckt«.

Ein zweites Beispiel: Man hat in den letzten Jahren viel geredet von einer Glaubenskrise, in der wir stehen. Tatsächlich sind immer noch viele Christen des christlichen Treibens müde, sind unbefriedigt oder enttäuscht.

Das Evangelium, die Freuden- und Freiheitsbotschaft,

hat sich ins Gesetz verkehrt. Die Lage ist bitter genug, und ich verstehe jeden, der sich die Frage stellt, ob es sich noch lohne, in der Kirche irgendwo mitzumachen. Aber nun haben wir das Bibelbuch aufgeschlagen, damit wir die Christenheit, wie unsere Gemeinde, durch das Wort hindurch betrachten und eine Ahnung ihrer Zukunft bekommen. Für unsere Existenz als Christen insgesamt gilt:

»Die mit Tränen säen,
werden mit Jubel ernten.
Man schreitet dahin unter Tränen,
mit Jubel kehrt man heim,
trägt hoch seine Garben.«

Und nun gestatten Sie mir noch ein persönliches Wort: Ich habe nun wohl über zehn Jahre lang ab und zu in Gemarke gepredigt, und leider war und ist mir die Gabe der Tränen nicht gegeben. Auch würde ich übertreiben, wollte ich sagen, ich hätte hier in Tränen gesät. Immerhin habe ich mich in den letzten Jahren oft fragen müssen, wozu ich diese zusätzliche Mühe auf mich nehme. Es ging mir, wie es fast jedem Prediger geht, man predigt und predigt und bleibt allein, sieht nicht, was daraus wird. — Darum nehme ich die beiden Psalmverse wie zwei Fernrohre nach Berlin und versuche, durch sie hindurch auf Gemarke zu blicken, um eine Ahnung zu bekommen, daß da und dort auch etwas draus werden wird. — Möglicherweise hängt es auch mit den zwei Versen zusammen, daß ich nie ohne Freude hier gepredigt habe, und ich möchte allen danken, die mich durch ihr Kommen und Hören erfreuten und das Predigen durch ihre Fürbitte unterstützten — und weiterhin unterstützen werden.
Mein Lehrer Eduard Thurneysen hat mir einmal gesagt, dem Prediger gehe es wie dem Schauspieler, von dem es heißt: »Dem Mimen flicht die Nachwelt keine Kränze.« — Kränze sind auch gar nicht nötig, Garben genügen.

Für jeden und jede gilt's: Garben genügen. Martin Luther hat einmal den leidenden Christen zugerufen: »Einmal wirst du kommen und deine Garben bringen, dann hast du des Teufels Suppe ausgesoffen.« In der Tat, Garben genügen.

erntearbeiter
schultre die gabel

geh durch den sumpf
geh durch den sand
geh durchs geröll
geh durch den fels
geh durch das eis

iß die bittern mandeln
trink aus bitterem glas

hinter der trübsal
jenseits der tränen
baut der das korn
bündelt die garben

schwingst du die gabel
lädst du den wagen
fährst du ihn ein

Wege ins Wunder - Bitten

Bittet, so wird euch gegeben werden.
Matthäus 7, 7

Nur sechs Worte, ein Befehl und ein Versprechen: sechs
Worte übertragen Macht. Wer dem Befehl und Versprechen folgt, dem wird die Freiheit eingeräumt, ganz
oben dabei zu sein. Ein Mitbestimmungsrecht wird uns
eingeräumt. Alle Präsidenten und alle Vorsitzenden
dieser Erde haben darum nicht soviel Macht und nicht
soviel Freiheit wie die Menschen, die jetzt den sechs
Worten Vertrauen schenken: »Bittet, so wird euch gegeben werden.« Hier schließt uns Jesus mit Gottes All-
macht zusammen. Hier räumt er uns das Recht ein, bei
ihm mitzureden. Unerhört, die Möglichkeit, die hier
dem Menschen eröffnet wird. Nichts mehr und weniger
als die Teilnahme an Gottes Weltregierung wird uns
hier mit sechs Worten zugemutet.
Man kann verstehen, daß einer den Glauben definiert
hat als »schlechthinniges Freiheitsgefühl in der Ge-
meinschaft mit dem schöpferischen Gott«. Wenn dieser Befehl und diese Verheißung bei uns funktionieren, ist es da, das schlechthinnige Freiheitsgefühl.
Aber funktionieren sie denn? Ein kluger Katholik hat
geschrieben: »Das Bittgebet wird nur noch vom einfa-
chen Volke geübt.« Ich bin nicht sicher, ob er recht hat,
der kluge Katholik. Aber das sehe ich, daß unsere Gebete nicht mehr recht funktionieren. Wie oft haben
wir für den Frieden in Vietnam gebetet — aber in Vietnam wird weiter gefoltert, wird schon wieder bombar-
diert. Wir haben für den Frieden zwischen den Rassen
gebetet, und in Amerika droht das Gespenst des Bür-
gerkrieges. Widersprechen nicht ungefähr sämtliche
Nachrichten diesen sechs Worten: »Bittet, so wird euch

gegeben werden«? So beherrscht denn nicht ein abso-
lutes Freiheitsgefühl die Christenheit, sondern eher
ein Gefühl des absoluten Unerhörtseins. Ernst Jünger
hat diesem Gefühl Ausdruck gegeben: »Gott spricht,
aber er antwortet nicht.«

Es ist schon ein Dilemma.

Wir haben hier Befehl und Zusage, die sind ganz klar:
»Bittet, so wird euch gegeben werden.« — Wir haben
auf der anderen Seite die Erfahrung, daß Gott nicht
erhört, nicht antwortet, nicht gibt. Jesu Wort steht gegen unsere Erfahrung. Was sollen wir machen?

Man kann sich zwei Auswege denken: Man kann sagen: »Gott ist zu groß und zu hoch für unsere kleinen
Bitten.« So bejahte Jan Jacques Rousseau Anbetung
und Andacht, er bewunderte Gottes Vorsehung, aber
er weigerte sich zu bitten, daß Gott seinetwegen, eines
Menschen wegen, die große, vollkommene Weltein-
richtung durch einen Wundereingriff stören sollte.

Oder man kann sagen: Gott ist nicht der, der von außen
in die Welt hineinwirkt. Gott ist die Liebe, er geschieht
da, wo Liebe ist; denn Gott wirkt durch Menschen und
Dinge; dann aber brauche ich nicht zu bitten, obwohl
mir das nicht verboten ist. Betrachtung des Wortes genügt. Das Gebet ist in diesem Fall grundsätzlich nicht
zu unterscheiden von Meditation, das heißt von der
Betrachtung des Wortes. So lehrt Herbert Braun. Hier
gilt offenbar die Formel: »Gott spricht, aber er antwortet nicht.«

Sicher gibt es Beter unter uns, die könnten hier Gegen-
erfahrungen anmelden, könnten auf ihr Leben deuten
und sagen, da und da hat mich Gott erhört. Ich zweifle,
ob überhaupt ein Mensch hier sitzt, dem nicht schon
eine Bitte erhört wurde. Vielleicht unbemerkt. Wenn
wir alle uns an alles erinnern würden, wir könnten viel
erzählen. — Auch könnte man aus der ganzen Kirchengeschichte eine Liste von Erfahrungen zusammentra-
gen, ellenlang, oder etwa auf den fabelhaften Georg
Müller hinweisen, der 10 024 Waisenkinder ernährte,

kleidete. Dieser Georg Müller hat nur eins gemacht, gebetet, und Gott hat geantwortet.

Aber wenn wir gegen die Erfahrung des Unerhörtseins die von Gebetserhörungen aufrechnen, operieren wir nicht sehr glücklich; dann melden sich nämlich Vietnam und Biafra wieder zu Wort. Auch gehört nicht jede Erfahrung, die wir mit dem Bittgebet machen, in die Öffentlichkeit. Wir machen im Glauben Erfahrungen, die nicht mitteilbar sind: Wer bittet, steht im Geheimnis. Vielleicht hat Novalis recht: »Vieles ist zu zart um gedacht, noch mehres zu zart, um besprochen zu werden.« Besprechen wir es trotzdem, verunehren wir Gott, machen unter Umständen ihn und uns selber lächerlich. — Der Glaube, der im Bitten lebt und das Erhörtwerden erkennt, lebt gleichsam ehelich. Wo Eheleute einander die Wünsche von den Augen und Lippen ablesen, werden sie klugerweise vieles vor Drittpersonen nie zur Sprache bringen, nicht nur, weil es in die Intimsphäre gehört, sondern auch darum, weil sie damit ihren Partner verunehren würden. — So gibt es unter uns Gläubige, die zuviel von ihren Glaubenserfahrungen reden. Sind dem Sänger von Psalm 40 die Wunder Gottes zuviel, um erzählt zu werden, fühlen sich diese Leute den Wundern sprachlich durchaus gewachsen. Sie plaudern gern von Gebetserhörungen und lieben dabei sich selbst und ihre Frömmigkeit mehr als den, der Gebete erhört. Solche Erzählungen wirken auch deshalb leicht peinlich, weil die berichteten Wunder meist Wunscherfüllungen darstellen, private, bequem zwar, aber für das Leiden der Welt ohne Bedeutung.

Übersehen wir eins nicht. Es gab einen, der unerhört blieb. In Gethsemane wurde sein Bitten nicht beantwortet. Und am Kreuz bekam er keine Antwort auf seine Frage. Am Karfreitag stirbt der unerhörte Mensch. Und der Karfreitag, das ist unser Tag, da der unerhörte Mensch stirbt, drüben in Vietnam und Biafra, drüben im ermordeten Schwarzen und hier im Badezimmer eines Krankenhauses. Das Gefühl des absoluten Unerhörtseins, das heute durch die Christenheit geht, deutet darauf hin, daß unser Tag ein Karfreitag ist, ein Tag, »da sich der Zorn Gottes vom Himmel her über alle Gottlosigkeit und Ungerechtigkeit der Menschen offenbart« (Röm 1, 18). Das ist unser Tag. Und hier zeigt sich der Unterschied zum ersten Karfreitag: Jesus wird nicht erhört, weil er die Schuld der Welt trägt. Wir bleiben unerhört, solange uns die Schuld der Väter und unsere eigene nicht vergeben ist.

»Schuld der Väter«, das paßt uns nicht. Das hören wir nicht gern. Das ist um so merkwürdiger, weil wir ja gern von erblicher Belastung reden. — Wenn mir die Haare ausfallen, halte ich dies für erbliche Belastung, weil schon mein Vater eine Glatze hatte. Wenn ich aber nicht erhört werde, denke ich nicht daran, daß dies auch mit der Schuld der Väter zusammenhängen könnte, daß wir vor Gott gerade als Familie und Volk viel enger zusammenkleben, als wir meinen. Wenn aber Israel nicht in absolutem Freiheitsgefühl leben konnte, sondern besetzt und manipuliert wurde, dann wußte es um die Belastung durch die Väter. So klagt es in den Klageliedern:

»Unsere Väter haben gesündigt,
sie sind nicht mehr,
und wir, wir tragen ihre Schuld« (5, 7).

Man kann nun die Schuld der Väter verleugnen und verdrängen — so gut man eigene Schuld verleugnen und verdrängen kann. Aber die Seelenforscher sagen, daß auch verleugnete und verdrängte Schuld mächtig bleibt. Man kann die Schuld der Väter aber auch bekennen wie eigene Schuld; dann wird sie vergeben. Aber vielleicht ist es leichter, gegen die Väter zu revoltieren, als ihre Schuld wie die eigene zu bekennen; denn die Schuld der Väter bekennen heißt sich zu ihnen bekennen und ihre Schuld als die eigene sehen: So hat zum Beispiel der Ostpreuße Johannes Bobrowski

als Dichter und Christ immer wieder auf die Schuldver-
flechtung gegenüber den Ostvölkern seit den Tagen des
Ritterordens hingewiesen: Er sagte: »Die Verschuldungen der Väter sind auch noch unsere Verschuldungen,
und man kann sich gerade als Deutscher von seiner
Nationalgeschichte nicht freisprechen.« Und ein Gedicht über ein Pogrom schließt mit den Zeilen:

»Leute, ihr redet: Vergessen —
Es kommen die jungen Menschen,
ihr Lachen wie Büsche Holunders.
Leute, es möcht der Holunder
sterben
an eurer Vergeßlichkeit.«

Der Holunder ist hier ein Bild für das Leben: Das Lachen der Jugend wird mit ihm verglichen. Und nun ist
dieses Leben, und es ist die Schöpfung selbst bedroht
von der Vergeßlichkeit:

»Leute, es möcht der Holunder
sterben
an eurer Vergeßlichkeit.«

Und der Holunder stirbt auch, wenn wir unerhört bleiben. Und wir bleiben unerhört, wenn wir unsere Schuld
und unserer Väter Schuld vergessen. Dann vergißt uns
Gott auch. Und wenn er uns vergessen hat, hört er
nicht mehr, wie sehr wir auch bitten. Das Vergessen ist
ein Nicht-Erinnern, es findet kein Ohr.
Nur sollten wir dies nicht etwa bloß in nationaler Ver-
engung sehen. Ich erschrecke immer wieder über die
Verzagtheit und Mutlosigkeit, in der die Christenheit
sich befindet. Der Kleinglaube hat Gottes Volk befallen
wie eine Blutzersetzung. An Konferenzen spricht man
von »Glaubenskrise«. Und nur ein Pharisäer kann hier
sagen: »Mich betrifft das nicht.«
Aber nun haben wir nicht nur unsere Schuld und die
der Väter. Wir haben auch Jesus und sein Sterben. Und

diesem einen, der unerhört starb, hat Gott geantwortet, hat ihn auferweckt von den Toten. Jesus ist der Erhörte, der nun selbst zu erhören vermag; er hat sich gegen das Vergessen erhoben. Drum soll der Holunder nicht sterben an unserer Vergeßlichkeit.

Die Lehrer des Gebets weisen mit Nachdruck darauf hin, daß man beim Beten sich nicht durch seine Sünde hemmen lassen soll. Noch schlimmer als alle Sünde der Väter wäre die Verzagtheit, die nun überhaupt nicht mehr bittet. Das wäre die Sünde aller unserer Sünde. Es ist sie; denn sie läßt Gott nicht Gott sein. Verzagtheit leugnet, daß Gott die Liebe ist. Verzagtheit hat Gott vergessen. Aber noch sind wir nicht vergessen, und jede Erhörung einer Bitte ist ein kleines Ostern: unser ohnmächtiges Bitten feiert Auferstehung in Gottes Antworten. So schreibt Hans Iwand: »Bei den Erhörungen unseres Gebetes soll also dasselbe geschehen, was an Ostern und Pfingsten geschah, indem wir so beten, begeben wir uns auf diese Linie, unterziehen wir uns dem Mächtigwerden dieses Geistes, der Jesus von den Toten auferweckte und seine Jünger diesen Namen aller Welt kundmachen hieß. Darum die Mahnung: Seid mutig, seid getrost . . .«

Leute, wir haben sechs Worte vernommen, die uns befördern, die uns Mitbestimmung einräumen und uns an höchste Stelle setzen: »Bittet, so wird euch gegeben werden.«

Wir haben auch gesehen, wo uns diese sechs Worte antreffen: in einem selbstverschuldeten Karfreitag, den wir uns selber und den Vätern zu danken haben.

Leute, wir haben sechs Worte vernommen, weil die Zeit sich ändern soll; denn Jesus ist auferstanden, damit wir nicht in der Selbstverschuldung unerhört bleiben. Und es ist der Auferstandene, der uns in eine neue Zeit und einen neuen Raum ruft: »Bittet, so wird euch gegeben werden.« Ich denke, es wird langsam klar, was wir zuerst zu bitten haben:

Du siehst,
Was wir nicht sehen:
Die unerkannte Schuld,
Die erworbene und ererbte.
Öffne unsere Augen,
Damit wir erschrecken
Und unsere Schuld sehen
An den Völkern.

Öffne unsern Mund,
Laß uns nicht länger
Stumm in der Schuld.

Laß uns nicht länger
Zum Unrecht schweigen
Aus Bequemlichkeit.

Vernichte alle Macht,
Die Krieg will.
Vernichte alle Macht,
Die Unrecht tut.
Vernichte allen Haß,
Der Unrecht nachrechnet.
Vernichte alle Grenzen,
Die unsere Eigensucht aufrichtet.

Und laß den Holunder wieder blühen!

Wunder über Wunder

Viel sind der Wunder und Ratschlüsse,
die du an uns vollbracht,
o Herr, mein Gott;
nichts ist dir zu vergleichen!
Wollte ich sie verkünden
und davon reden —
es sind ihrer zu viel, sie zu zählen.
Psalm 40, 6

Hier verschlägt es einem vor lauter Wunder und Gotteserfahrung die Stimme, ein Kommentator bemerkt:
»Der Psalmist steht hier an der Grenze seiner Aussagemöglichkeit.« — Ich auch. Als Theologe kann ich freilich sehr wohl einen Vortrag über die Wunderfrage
halten, da fehlen mir die Worte nicht. Aber wenn ich
von den Wundern Gottes, die er an uns — an uns! —
allen vollbracht hat, reden will, wird's schwierig; ich
werde sofort die Grenze meiner Sprachmöglichkeit sehen. Darum schlage ich vor, daß ich nun doch zuerst
einen kleinen Vortrag über die Wunderfrage halte.
Wenn wir Glück haben, wird er uns helfen, die Psalm-
worte nachzusprechen.
Also zunächst der Kurzvortrag in drei Teilen:
Erstens müssen wir fragen: Was ist das eigentlich, *ein
Wunder?* Wie sollen wir das Wunder definieren?
Ich glaube, daß uns hier die Sprache verführt. Was wir
nicht verstehen, nennen wir gern »ein Wunder«. Wenn
ich meine Autohaube aufmache, sage ich: »Ein Wunder der Technik«, und das sage ich nur, weil ich absolut
nichts vom Automobilmotor verstehe. — Wir sind ge-
neigt, ein Wunder zu nennen, was wir nicht verstehen.
— Kürzlich hatte ich ein Gespräch mit einem Rentner,
über achtzig, katholisch, sein Neffe sei Priester. Der

Rentner ist gegen die deutsche Sprache bei der Messe, und einmal habe er zum Priester gesagt: »Da versteht man ja alles, ist nichts Heiliges mehr dabei. Da ist nichts ›misting‹. Die Messe muß etwas ›mistinges‹ sein.« Der Priester habe genickt. »Du hast ganz recht.« Die Messe ist für diesen Katholiken ein Wunder, weil er nicht versteht, was in ihr vorgeht. —
Wir Protestanten halten es gemeinhin mit den Wundern Jesu ähnlich. Sie bilden für uns etwas Unerklärliches, Unverständliches, ein mystisches Geschehen wie eine lateinische Messe. — Wie fatal solcher Wunderbegriff ist, zeigt sich spätestens dann, wenn man ein Heilungswunder auch natürlich erklären kann. — Nicht das macht das Wunder aus, daß etwas unerklärlich geschieht, womöglich gegen das Naturgesetz, sondern das macht das Wunder aus, daß Gott etwas tut. Und über das, was er getan hat und tut, können wir uns nur wundern! Darum kommt hier einer aus der Verwunderung nicht heraus:
»Viel sind die Wunder und Ratschlüsse, die du an uns vollbracht, o Herr, mein Gott.«
Worüber wir uns beim Wunder nie genug verwundern können, ist der Täter! Wunder im biblischen Sinn werden getan. »Was Gott tut, das ist wohlgetan« und wird dann für uns zum Wunder, wenn wir es als Tat Gottes erkennen. So erklärt der zweiundsiebzigste Psalm, daß der Gott Israels »allein Wunder tut«. Ob eine solche Tat dann mit der Natur geschieht oder gegen sie, scheint weniger wichtig gegenüber dem, daß *Gott* etwas tut.
Damit kommen wir zweitens zu der Frage, ob denn auch *an uns* Wunder geschehen. Was haben *wir* denn zu erzählen? Worüber *wundern* wir uns? — Wenn ich mich selber, die Theologen und die Christen betrachte, kommt es mir so vor, wir würden angestrengt durch ein Schlüsselloch gucken, wenn wir nach Gott fragen. Und was sehen wir dann im Schlüsselloch? — Nichts, oder wie wir so schön sagen — ein Problem.
Wir finden es schick, die Stirn in Falten zu legen und

über Probleme zu sprechen. Darum erzählt ein Theologe sehr selten von einem Wunder. Probleme sind ihm in der Regel lieber. So studiert er denn in der Regel Probleme, statt über Wunder zu meditieren. — Die Wunder Gottes aber sieht man nicht durchs Schlüsselloch, dafür sind sie zu groß und zu zahlreich:

»Viel sind die Wunder und Ratschlüsse, die du an uns vollbracht, o Herr, mein Gott, nichts ist dir zu vergleichen.«

Ich behaupte, Gott redet, darum erfahren wir etwas von ihm. Ich behaupte, Gott handelt, darum erleben wir etwas von ihm. Hinter mir steht der Psalmsänger: »Es sind ihrer zu viel, sie zu zählen.«

Weil Gott auch zu uns geredet hat und redet, darum sollten auch wir etwas zu berichten wissen von Gotteserfahrung und Gotteserleben! — Ich vermute sogar, viele Wunder sind geschehen, wir haben sie nur nicht bemerkt, weil wir gebückt und angestrengt durchs Schlüsselloch starrten!

Dann wäre die Frage des Wunders einfach eine *Frage der rechten Einsicht?* Ja und nein! — *Ja,* weil Gott Wunder tat und tut, die wir noch gar nicht entdeckt haben, und weil seit Pfingsten, seit der Ausgießung des Heiligen Geistes eine Zeit des Wunders angesagt ist: »Ich werde Wunder tun oben am Himmel und Zeichen unten auf der Erde.« — Wer den Geist hat, wird Wunder sehen. Wer Christi Geist aber nicht hat, sieht keine Wunder.

Ja — und — *nein.* Nein, aus zwei Gründen. Einmal berichtet die Schrift von Wundern, die nicht erst als solche entdeckt zu werden brauchten, sie geschahen als eine Art Schau-Stück. Sie sollten die Macht Gottes vordemonstrieren. Ich meine, es wäre an der Zeit, daß er uns wieder einmal etwas zeigt, etwas vormacht. — Aber eben: Er ist frei, er ist kein Wunder-Automat. Wir, nicht er, sind auf das Wunder angewiesen, und viele Wunder tut Gott nicht, weil er uns dabeihaben will. — Ich meine, wenn wir die vielen verborgenen Wunder, die er jetzt tut, nicht sehen, hat er keine Lust, seine Macht zu zeigen.

Kornelius Heiko Miskotte sagt: »Ich bin überzeugt, daß, sobald der Bann unseres Heidentums oder unseres Judentums nur für einen Augenblick bricht, sehr schnell und überreichlich Wunder geschehen.« — Wann aber wird der Bann gebrochen sein? Wann sehen wir die Tür offen, daß wir die unzählbaren Taten Gottes sehen und staunen?

Damit sind wir schon beim dritten Teil, und hier möchte ich auf eine sprachliche Eigentümlichkeit aufmerksam machen, die an unserem Text zu beobachten ist, auf den Wechsel von »wir« und »ich«.

Die »Wunder und Ratschlüsse« sind an »uns« getan; und der sie tat, ist »mein« Gott, und wollte »ich« sie verkünden, wären sie (mir) zu zahlreich. Der Psalmsänger erfährt die Wunder Gottes im Kollektiv, und er besingt sie als Einzelner. Das Erkennen von Gottes Wunderwirken hat er wohl zuerst aus den Vätergeschichten gewonnen und erst in zweiter Linie aus persönlicher Erfahrung, indem Gott ihn »aus tiefem Schlamm« zog.

Der Israelit erfährt Gott als den Gott der Erzväter, er übernimmt ihre Erfahrungen in sein Leben. Sein Bewußtsein wird weit.

Weil wir aus dem Christentum eine Privatreligion gemacht haben, vermögen wir nicht recht zu sehen, wie sehr wir in einem Zusammenhang stehen. Das an Israel Getane, das am Israeliten Jesus Getane, ist auch an uns geschehen. Mit ihnen haben wir unsere Wunder erlebt, mehr als wir zählen können. Mit dem Gott der Philosophen, mit christlicher Privatreligion erfahren wir allerdings keine Wunder. Entdecken wir uns aber im Zusammenhang mit Israel und im Zusammenhang mit Jesus Christus, entdecken wir uns selbst in einem Zusammenhang der Wunder. Unsere Existenz erweitert sich zu neuer Existenz.

Er starb, wir mit ihm.
Er wurde auferweckt, wir mit ihm.
Er wurde erhöht, wir mit ihm.

Unsere Persönlichkeit wird darum umschlossen sein von seiner Person.
So ist keiner mit seinem Herzschlag allein.
So ist keiner ohne Wunder.
Darum gilt's auch jetzt, was wir an Weihnachten singen:
»Heut schleußt er wieder auf die Tür zum schönen Paradeis. Der Cherub steht nicht mehr dafür, Gott sei Lob, Ehr und Preis.«
Mein Kurzvortrag ist damit zu Ende, nicht aber die Predigt. Nun sollte ich nicht nur über die Wunder reden, sondern auch aufzeigen, wieviel Wunder an uns schon vollbracht sind.
»Viel sind der Wunder und Ratschlüsse, die du an uns vollbracht, o Herr, mein Gott.«
Sofort gerate ich aber an die Grenze meiner Aussagemöglichkeit, weil ich nicht weiß, wo anfangen und wo aufhören. Darum möchte ich nur eine Andeutung machen.
Wenn ich seinerzeit im Gefängnis Lenzburg Gefangene aus meiner Gemeinde besuchte, sprach ich mit ihnen in der Mitte des Zentralbaus. Nach ein oder zwei Stunden begleitete mich ein Wächter durch den langen Flur, schloß mir die Tür auf. Allein ging ich dann über den gepflasterten Gefängnishof dem Ausgang zu und war jedesmal gespannt darauf, ob mir dort wiederum ein Wächter das Tor aufschließe.
Warum kannst du hinaus, und die Brüder im gestreiften Anzug müssen drinnen bleiben? Was hast du eigentlich diesen Menschen voraus? — Und dann kam der Wächter mit dem großen Schlüssel, freundlich lächelnd. Ich konnte hinaus, für mich war's jedesmal ein Wunder: Frei sein, über die Straße gehen, selber Türen öffnen, Tore schließen, nach Hause gehen, Besuche

machen oder Einkäufe. Kurz: ein freier Mensch sein, unverdient!

Nun kann sich jeder und jede fragen, warum er jetzt hier sitzt, warum nicht in irgendeiner Zelle? Vielleicht ahnen wir hier etwas davon, daß die Vielzahl der Wunder im Natürlichen anfängt, unscheinbar. Und ich möchte bitten, einmal einen Zählversuch zu machen, und sofort wird sich zeigen: »Viel sind die Wunder und Ratschlüsse, die du an uns vollbracht hast ... wollte ich sie verkünden und davon reden — es sind ihrer zu viel, sie zu zählen«; es könnte sein, daß wir keine Wunder erfahren, die eine Welt verändern, solange wir die bewahrenden Wunder im bloßen Dasein übersehen.

Aber stehen wir damit nicht sehr nah beim Pharisäer, der Gott dankt, daß er nicht ist wie die übrigen Menschen, wie die Gefangenen zum Beispiel? — Das könnte wohl geschehen, und der Christ wird dann zum Pharisäer, wenn er nur sieht, was Christus für ihn persönlich vollbracht hat, und nicht auch sieht, was Christus für die Gefangenen dieser Erde vollbracht hat und noch vollbringen wird. — Wir stehen als Christen nicht nur in einem Zusammenhang mit der Geschichte des Christus, mit den Wundern der Propheten und Apostel, mit Wundern der Vergangenheit also. — Wir stehen in einem Zusammenhang mit der Zukunft Christi. Weil diese Zukunft allen Elenden und Unerlösten gilt, erwarten wir die Ankunft des Wunders für die Geplagten dieser Erde. Solange es Elende und Unerlöste gibt, solange befinden wir Christen uns »jenseits von Eden«. Solange es noch Gefangene gibt als Opfer unserer Gleichgültigkeit, solange ist die Vollzahl der Wunder noch nicht erreicht, darum warte ich auf das Wunder, daß einmal alle Wärter aller Gefängnisse allen Gefangenen freundlich lächelnd öffnen. Gott loben wegen seiner Wunder und Ratschlüsse heißt darum, auf Wunder warten, die die Welt verändern. So warten wir auch für die, die keine Hoffnung mehr haben. Damit warten wir auf eine neue Zeit:

»Und ich warte, daß
das Zeitalter der Angst
der Schlag trifft.
Und ich warte auf
die Wiedergeburt des Wunders« (Ferlinghetti).

Noch ein Hinweis: Die Ausleger sagen uns, in Psalm
vierzig seien ein Danklied und ein Klagelied zusam-
mengekoppelt. Der Beter, der hier seine Rettung besingt und dankt, schließt nicht mit einem Halleluja, er
meldet, daß es ihm mies geht. So heißt es im letzten
Vers: »Doch jetzt bin ich arm und elend.«
Entweder war dann sein Dank eine Vorgabe, eine Vorschau im Glauben, oder aber er ist darum elend und
arm, weil er als Geretteter die Sache der Elenden zu
seiner Sache macht. Beidemal aber wäre er für uns ein
Wunder.

Herr, nimm die Blindheit von uns,
Die nicht erkennen kann,
Was du getan.

Gib einen Geist des Lobes.
Lehre das Lob,
Das der ganzen Welt zur Freude hilft.

Und wo noch Elend herrscht,
Gib uns eine Stimme,
Um zu klagen, um zu sagen,
Was gelitten wird.

Für die Gefangenen bitten wir,
In Bendahl* und in aller Welt.
Für ihre Wärter bitten wir.

Für Afrika bitten wir.
Laß du diesen Kontinent
Deine Wunder schauen.
                    Amen.

* Wuppertaler Gefängnis.

Eugen Rosenstock-Huessy sagt: »Wir sind seine Wunder — und zwar: entweder immer oder nie«. — So gehet hin und werdet, was ihr seid. Empfanget dazu den Segen . . .

Tor und Weg ins Wunder

Gehet ein durch die enge Pforte! Denn die Pforte ist weit und der Weg ist breit, der zum Verderben hinführt, und viele sind es, die auf ihm hineingehen; denn die Pforte ist eng und der Weg ist schmal, der zum Leben hinführt, und wenige sind es, die ihn finden.
Matthäus 7, 13—14

Im Sommer las ich die Predigt eines Schweizer Pfarrers über diesen Text. Sie faszinierte mich, und ich beschloß, diese Predigt zur Grundlage meiner nächsten Predigt zu machen.
Die Predigt beginnt damit, daß die Hörer vor die Straßenwahl gestellt werden:
»Breite Straße oder schmaler Weg, das ist hier die Frage. Das ist unter Umständen ein großer Gegensatz. In den letzten Tagen habe ich ihn erlebt. Vorgestern in Zürich die Bahnhofstraße mit ihren Läden und Angeboten, mit ihrer Atmosphäre und ihrem Luxus, mit all den vielen Leuten verschiedener Kleidung, Entkleidung und Verkleidung, das Sprachgewirr mit Rassen aller Herren Länder. Und einige Tage vorher eine Bergwanderung in den Voralpen. Auf schmalem, einsamem Weg über den Berggrat, zu Füßen die von dieser Höhe noch blau aussehenden Seen, die Hügel und die Wälder, das würzig duftende Bergheu, der harzige Geruch des darunter liegenden Waldes. Man kann sich wohl kaum einen größeren Gegensatz vorstellen als zwischen der breiten Bahnhofstraße und dem schmalen Bergweg. Welchen wollen nun wir wählen? Vor diese Frage sind wir in unserem Text gestellt.«
Soweit die Predigt des Eidgenossen. Ich fand es ungemein sympathisch, daß hier der breite Weg einem nicht von Anfang an schlecht gemacht wurde. Dieser Prediger hat es verstanden, das fromme, alte Bild mit

neuen Farben zu malen: Es zeigt zur Rechten das schmale Türlein mit dem Bergweg zum himmlischen Jerusalem, während links eine breite Straße an allen Vergnügen vorbei zum Feuer der Hölle eilt. Er hat es auch verstanden, die beiden Wege nicht gar so pharisäisch vor uns hinzustellen, wie das auf dem frommen Bild geschieht.

Ich überlegte, wie ich diese Predigt ins Wuppertal transponieren könne. Den schmalen Weg würde ich beim Tölleturm, im Nordpark oder, wer weiß, auf dem Heiligen Berg finden. Für den breiten Weg war es in Wuppertal natürlich etwas schwieriger, auf die Kö nach Düsseldorf wollte ich nicht ausweichen. Um nicht von Elberfeld reden zu müssen, schwankte ich zwischen der Höhne und dem Werth. Ich nahm mir vor, einen Stadtbummel zu machen, um den Text mitten in diese Stadt zu setzen.

Aber dann legte ich diese Predigt den Studenten vor, ich las den Text und las ihn immer wieder. Von Straßenwahl las ich in diesem Text nichts; es heißt nicht: »Ihr müßt euch entscheiden.«

Der heute zu uns spricht, hat schon entschieden. Jetzt ist nur noch seiner freundlichen und ebenso dringlichen Einladung Folge zu leisten: »Gehet ein durch die enge Pforte.« Diese Einladung wird mit einer Warnung verknüpft. — Gerne würde ich heute diese Einladung freundlich, dringlich und unabweisbar wiederholen. Aber wie soll ich das machen? Vor allem müßte ich den vorstellen können, der hier spricht, und das ist nicht einfach, denn alle wissen wir von ihm, aber wer von uns kennt ihn genau?

Ich habe dann vom Text rückwärts gelesen zu den Kapiteln 3 und 4, las die Stelle, da Jesus in den Jordan steigt, um »alle Gerechtigkeit zu erfüllen«. Hier wird sozusagen die Weiche gestellt, die zu Jesu Tod führt. Aber es passiert noch etwas von oben her, etwas Geheimnisvolles. Matthäus berichtet: »Und er sah den Geist Gottes wie eine Taube herabschweben.« — Im

Jordan flog Zukunft auf ihn zu, kam künftiges Leben auf ihn, Leben von Gott her, Erkenntnis der Gerechtigkeit. Das Wunder schwebte auf ihn herab, das Wunder, zu dem er uns einlädt.

Ich habe noch weitergelesen, habe gelesen, wie Jesus predigt: »Tut Buße, denn das Reich der Himmel ist genaht.« Die Bergpredigt erklärt diesen Satz, notiert die Eintrittsbedingungen ins Himmelreich. Unser Text faßt also nochmals Jesu Predigt zusammen. Freilich zeigt diese Einladung, daß Jünger und Volk noch »draußen vor der Tür« stehen. Es ist nicht so wie auf dem frommen alten Bild, daß die Besucher einer Kirche oder Kapelle ohne weiteres schon unterwegs sind nach dem himmlischen Jerusalem. Wenn dem so wäre, hätten wir die Predigt Jesu nicht mehr nötig.

Auch wir in Gemarke stehen noch »draußen«, noch vor der Tür. Auch an uns ergeht die Einladung. Das ist sehr, sehr gut.

In vielen Gesprächen, die ich mit Gliedern der Gemeinde geführt habe, klang immer wieder eine Wehmut nach der Vergangenheit durch. »Ja, zur Zeit der Bekennenden Kirche. Das war noch eine Zeit.« — »Ja, einst zur Zeit der Erweckung. Da lief das Wort. Aber heute?« Gemarke, sehe ich recht, lebt weithin von der Vergangenheit. Aber heute hören wir die Stimme der Bergpredigt, die sagt: das Leben liegt nicht hinter, es liegt vor euch: »Gehet ein durch die enge Pforte. Denn die Pforte ist eng und der Weg ist schmal, der zum Leben einführt, und wenige sind es, die ihn finden.« Dies könnte sehr wohl ein Zeichen des breiten Weges sein, daß man zurückblickt, nach rückwärts lebt. Der breite Weg führt aus besonnter Vergangenheit in dunkle Zukunft.

Ein Freund macht mich darauf aufmerksam, daß nach unserem Text ein Wort kommt, das die Gemeinde aufspaltet: »Nicht jeder, der zu mir sagt: Herr, Herr!, wird in das Reich der Himmel kommen.« — Im Gleichnis von den Jungfrauen wird die Gemeinde halbe, halbe geteilt: »Fünf aber von ihnen waren töricht, und fünf waren klug.« Nach unserem Wort geht die Mehrzahl verloren, und damit sind nicht die auf der Kö, auf dem Werth oder der Züricher Bahnhofstraße gemeint. Die *Gemeinde* wird gewarnt, sie ist gemeint. Die Einladung ist nicht nur sehr freundlich, sondern auch von sehr großem Ernst: »Gehet ein durch die enge Pforte; der Weg ist schmal, der zum Leben führt.«

Wenn die Einladung so dringlich und ernst und freundlich ist, wie ich behaupte, müßte doch über Gemarke hinaus deutlich werden, daß dieses Wort und diese Einladung nötig ist, daß sie allem Volk gilt! — Ich denke, die Menschen brauchen sie.

Im letzten Wochenendforum erklärte der Wiener Psychiater Frankl: Im Deutschen Sprachraum leiden 25% der Studenten an einem Sinnlosigkeitsgefühl. In USA sind es 60%. Ein marxistischer Psychiater aus dem Ostblock habe erklärt: »Dieses Gefühl überschreitet ohne Visum die Grenze.« Frankl hat dann einen Brief eines US-Studenten zitiert, er lautet ungefähr so: »Ich bin 22 Jahre alt, habe akademischen Grad, einen Wagen, mehr Sex und mehr Macht, als ich verkraften kann. Aber was soll das alles?« Wie sollen wir diese Sinnlosigkeit definieren? Sinnlos ist ein Leben, das keine Zukunft hat. Wenn der Mensch etwas tut, was keine Zukunft hat, wird sein Tun sinnlos. Die Sinnlosigkeit des Daseins ist dessen Zukunftslosigkeit. — Noch etwas sehr Gutes hat Manès Sperber auf diesem Forum gesagt: »Bisher hatten die Menschen, vor allem mit dem ›Was‹ des Lebens zu ringen. Der Kampf um Brot und Wohnung stand obenan. Im Zeitalter der fortschreitenden Industrialisierung wird uns diese Frage nach dem ›Was‹ mehr und mehr abgenommen, mehr und mehr werden wir vor die Frage gestellt, *wie* wir leben. — Wir müssen das Leben neu lernen.« Ich möchte ergänzen: Wir müssen die Zukunft des Lebens neu lernen. Ich meine, Jesu Wort trifft unsere Zeit in besonderem Maß. Manès Sperber sagte: »Wir sind heute zu klein für das Leben.«

Für diese Menschen wird die enge Pforte zur Chance, für sie ist keiner zu klein: »Die Pforte ist eng und der Weg ist schmal, der zum Leben führt, und wenige sind es, die ihn finden.«

Vielleicht komme ich jetzt zur schwierigsten Passage meiner Predigt. Ich sollte sagen können, wie das geht, durch die schmale Pforte, über den schmalen Weg. Wie sollen wir neu leben lernen? Es ist ja nicht so, daß wir Pforte und Weg an die Wand hängen können wie das fromme alte Bild. Es wäre falsch, wollte man jetzt den breiten Weg in die Stadt und den schmalen in die Grünanlagen verlegen. Das wäre eine Spekulation, ein Gedankenspiel, wo es darum geht, daß wir uns auf den Weg machen.

Jesus hat ein Türlein geöffnet, als er in den Jordan stieg, »um alle Gerechtigkeit zu erfüllen«. Da der Himmel über ihm aufging, wurde der Weg eröffnet, der uns ins Offene führt. Jetzt lädt er uns ein, das Türlein zu passieren, den eröffneten Weg zu gehen. Dazu aber brauchen wir Energie, brauchen, was Jesus bei der Taufe bekam, eine Vorgabe von Zukunft, seinen Geist, der uns in die Wahrheit führt, uns zeigt, was das Rechte ist.

Eine Tür und ein Weg. Das ist sichtbar, das kann man sehen. Eine Tür kann man greifen, einen Weg betreten. Gewöhnlich ist eine Tür etwas Gewöhnliches, und ein Weg ist ein gewöhnlicher Weg, keine Traumstraße. Der Weg ins Wunder ist möglicherweise ein gewöhnlicher Weg. Er sieht auf jeder Wegstrecke wieder anders aus. Ich möchte ihn an zwei Details illustrieren.

Unsere Studenten haben ein Stück dieses Weges geschen, als sie die Sache der Obdachlosen zu ihrer Sache machten: Diese Studenten haben mich beschämt. Da sind Menschen in unserer Stadt, die krank werden, weil sie zuwenig Wohnraum haben, deren Kinder in der Schule nicht nachkommen, weil sie zu Hause nicht lernen können. Auf dem breiten Weg kann man fromm sein, ohne etwas für diese Menschen zu tun. Das ist das erste Beispiel; es zeigt: Der schmale Weg ist kein Privatweg. Auch kein Weg durch einen Märchenwald. Er führt möglicherweise durch den Schlamm unserer sozialen Verhältnisse.

Ein zweites Beispiel: Der Ökumenische Rat hat beschlossen, im Rahmen des Anti-Rassismus-Programms auch Freiheitsbewegungen zu unterstützen, die sich nicht grundsätzlich zur Gewaltlosigkeit bekennen. Ich meine, der Ökumenische Rat hat sich hier auf einen schmalen Weg begeben, und der ist meist gefährlich. Man will den Menschen helfen, die so sehr unterdrückt werden, daß sie sich mit Gewalt wehren müssen. Die Entscheidung des Ökumenischen Rates zeigt, daß Jesu Weg heute nicht zu gehen ist, indem man die Unterdrückten und Zukurzgekommenen dieser Erde übersieht. Der schmale Weg kann nicht an den Entwicklungsländern vorbei. Möglicherweise führt er durch den Staub und Dreck der Politik, zur Parteinahme für die Unterdrückten.

Das hat offenbar die Synode in Württemberg nicht gesehen. Sie hat einstimmig erklärt: »Nach eingehender Aussprache sagen wir gemeinsam ja zur Hilfeleistung für alle menschliche Not, ja zur Ökumene, zum gemeinsamen Handeln der Christenheit, ja zur Bekämpfung des Rassismus, wo immer er auftritt, und nein zur Gewalt.«

Das klingt sehr schön, doch fast zu schön, um wahr zu sein. Entweder sagt die Synode nein zur Gewalt nur des Unterdrückten, dann bejaht sie stillschweigend die Gewalt der Unterdrücker. Wo gefoltert wird, darf man sich nicht wehren. Diese Einstellung ist leider in Deutschland nicht neu. Oder sie sagt grundsätzlich nein zur Gewalt, dann müßte sie auch hierzulande die Staatsgewalt ablehnen. Das letztere ist kaum anzunehmen. Natürlich ist die Haltung der Synode populär; was aber diese Haltung mit dem Weg Jesu zu tun hat, kann ich nicht sagen.

Zwei Beispiele, die zeigen, wie schmal der schmale Weg

— und wie gewöhnlich der Weg ins Ungewöhnliche sein kann. Züricher Bahnhofstraße oder Voralpenwanderung? Das war zu Anfang die Frage. Vielleicht ist jetzt etwas deutlicher geworden: Auch der schmale Weg ist ein öffentlicher Weg. »Gehet ein durch die enge Pforte . . .« Wir in der Gemeinde sind aufgerufen, auf ihm vorab und voranzugehn.

Dreifältiges Wunder

Und als er nach einigen Tagen wieder nach Kapernaum hineingegangen war, hörte man, daß er im Hause sei. Und es versammelten sich viele, so daß nicht einmal der Platz vor der Türe mehr reichte, und er verkündigte ihnen das Wort. Da kamen Leute und brachten zu ihm einen Gelähmten, der von vieren getragen wurde. Und da sie ihn wegen des Volkes nicht zu ihm bringen konnten, deckten sie das Dach ab, wo er war, und nachdem sie es durchbrochen hatten, ließen sie das Bett hinab, worauf der Gelähmte lag. Und als Jesus ihren Glauben sah, sprach er zu dem Gelähmten: Mein Sohn, deine Sünden sind dir vergeben. Es saßen aber dort etliche der Schriftgelehrten und machten sich in ihren Herzen Gedanken: Was redet dieser so? Er lästert. Wer kann Sünden vergeben außer Gott allein? Und alsbald merkte Jesus in seinem Geiste, daß sie sich bei sich selbst solche Gedanken machten, und sprach zu ihnen: Was macht ihr euch da für Gedanken in euren Herzen? Was ist leichter, zu dem Gelähmten zu sagen: Deine Sünden sind dir vergeben, oder zu sagen: Steh auf, hebe dein Bett auf und geh hinweg? Damit ihr aber wißt, daß der Sohn des Menschen Macht hat, auf Erden Sünden zu vergeben — sagt er zu dem Gelähmten: Ich sage dir: Steh auf, hebe dein Bett auf und geh in dein Haus! Und er stand auf, hob alsbald sein Bett auf und ging vor aller Augen hinaus, so daß sie alle erstaunten, Gott priesen und sagten: Solches haben wir noch nie gesehen.
Markus 2, 1—12

Glaube ist — jeden Morgen neu! — eine Geschichte.
Karl Barth

Wunder des Glaubens

Und als Jesus ihren Glauben sah . . .
Markus 2, 5

Vom Wunder predigen heißt, vom Glauben predigen.
Wie der Glaube, so die Wunder. Glaube und Wunder,
das gehört zusammen, untrennbar. Es gibt keinen
Glauben ohne Wunder. Wer glaubt, kann sich wundern. »Und als Jesus ihren Glauben sah . . .«
Der Glaube der vier löst bei Jesus eine Reaktion aus.
Er antwortet, spricht Vergebung aus. Die Heilung
kommt später. — Das Wunder Jesu wird ausgelöst zuerst durch den Glauben von vier Männern. — Lese ich
weiter im Evangelium, stoße ich auf die blutflüssige
Frau, die Jesus heimlich zu betasten sucht. Ihr antwortet Jesus: »Meine Tochter, dein Glaube hat dich gerettet. Geh hin in Frieden und sei von deiner Qual
gesund« (5, 34). — In Jericho hört man einen Blinden
schreien am Weg, der will Heilung. Und Jesus sagt:
»Geh hin, dein Glaube hat dich gerettet« (10, 32). Wenn
aber Jesus nach Nazareth kommt, in die Vaterstadt, wo
sie nicht an ihn glauben, notiert der Evangelist: »Und
er konnte dort keine Machttaten vollbringen, außer
daß er wenigen Kranken die Hände auflegte und sie
heilte« (6, 5). — Es paßt zwar nicht ganz in meine Dog-
matik; aber es scheint fast, der Glaube wäre hier gewissermaßen stärker als Jesus. Jesus erscheint als Wundertäter merkwürdig abhängig, schwach. Vielleicht
nimmt er unseren Glauben wichtiger als sich selbst. Er
poltert nicht mit seinen Wundern. Seine Wunder bilden eine Antwort auf den Glauben, und er braucht
nicht viel Worte zu dieser Antwort. Wo die vier ihm
Glauben schenken, gibt er das Wunder zurück, wie
selbstverständlich. Wie eine Bergwand den Schrei, den
Jauchzer zurückgibt. Der Berg wirft Schallwellen zu-

rück, er kann nicht anders als ein Echo geben. Kann Jesus anders, wenn er Glauben sieht, der Glaube ihn anruft, kann er anders als den Glauben im Wunder wiedergeben? Offenbar nicht. Jesus macht sich zum Knecht des Glaubens. Fast scheint es, der Glaube wäre mächtiger als Jesus. — Was ist dann Glaube? Daß der Glaube eine geheimnisvolle Kraft darstellt, wird fast allgemein anerkannt. »Der Mensch muß Glauben haben«, sagen die Leute. Was man glauben soll, das ist nicht so klar, darüber kann man sich streiten. Aber glauben muß man.

In einem Tagebuch eines jungen Menschen steht zu lesen: »Ich sitze einen ganzen Morgen am See und gehe den tiefsten Dingen nach. Ich halte Zwiesprache mit Gott.« Das muß ein frommer Mensch sein, der so schreibt. Und einen Satz, den ich dort auch noch lese, haben viele von uns wohl schon irgendwie gedacht oder ausgesprochen. »Es ist nicht so sehr von Belang, woran wir glauben; nur daß wir glauben.« — Wem sollte ein solcher Satz nicht einleuchten, sind doch die Theologen über die Dinge des Glaubens sich nicht einig? Hauptsache, man glaubt! — Das muß ein sympathischer Mensch sein, der ein solches Tagebuch schrieb! Wir alle kennen wohl dessen Autor: Joseph Goebbels, »Michael«, ein deutsches Schicksal in Tagebuchblättern 1929. — Joseph Goebbels hatte einen Glauben, und dieser Glaube hat Wunder gewirkt, und was für welche! Die Älteren unter uns haben sie vielleicht 1933 erlebt, diese Goebbels-Wunder.

Viele Menschen sagen: »Man muß an sich selbst glauben.« Auch ein solcher Glaube wirkt Wunder. — So lese ich bei Joseph Goebbels: »Ich glaube in meinen besten Stunden an mich selbst.«

Was ist da los, wenn heute viele Menschen denken wie Goebbels? »Es ist nicht so sehr von Belang, woran wir glauben, nur daß wir glauben.« — Man wird sich noch wundern, was für Wunder aus solchem Glauben kommen! — Wie der Glaube, so die Wunder.

Aber nun gibt es noch andere Weisen des Glaubens mit anderen Arten von Wundern: In der vergangenen Woche meldete die Zeitung Marienerscheinungen in Beirut, sogar Mohammedaner sollen sie gesehen haben; Tatsache ist, daß es gerade in unserer Zeit massenhaft Marienerscheinungen gibt. Aus Spanien, Italien, aus der Slowakei, aus dem Burgenland, aus Frankreich, Kanada, USA, auch aus Bayern werden solche Erscheinungen gemeldet. Sie sind begleitet von Wundern aller Art. — Die römisch-katholische Kirche z. B. verhält sich ziemlich vorsichtig gegenüber solchen Erscheinungen.

Am Fernsehen haben viele von uns die Landung von Apollo XIII miterlebt. Auch hinter diesem Unternehmen steht ein Glaube, und das Ganze erscheint als ein Wunder menschlicher Zusammenarbeit und technischer Präzision. Wenn die Leute in unserer Wundergeschichte Gott preisen, so konnte man auch vorgestern einem fernsehgefilmten Dankgebet bei der Landung beiwohnen. Merkwürdig. Nun, ich könnte weiterfahren, viele Arten von Glauben, von Wundern aufzählen; dann aber stellt sich die Frage, ob es einen gemeinsamen Nenner für all den vielfältigen Glauben gibt. Wie soll man diesen Glauben definieren? — Ich habe es zuerst mit einem Vergleich probiert und kann nun sagen: Das Wunder ist das Echo in den Bergen, und Glaube glaubt immer in ein Echo hinein. Der Glaube ist eine Schallwelle, die das Echo will. — Schon wird deutlich, daß die Richtung entscheidet. Alles hängt von dem ab, den wir glauben, nur er ist von Belang. Ein sanfter Hügel gibt kein Echo, und wer sich mit dem Rücken gegen die Bergwand stellt, kann nicht erwarten, daß der Berg antwortet.*

Das tönt fast lyrisch. Möglicherweise zu schön, um die Wahrheit zu erweisen. Darum versuche ich, einmal so zu definieren: Der menschliche Glaube ist ein Kleb-

---

* Ein ausgezeichneter Kenner sanfter Hügel hat mich belehrt, daß es sehr wohl echoende Hügel, ja Hügelchen gebe. Der Reichtum der Natur ist eben allemal größer als die Kenntnis des Predigers!

stoff. Man klebt an etwas, und dieses etwas, an dem man klebt, gibt einem Kraft. Dieses etwas, an dem ich klebe, gehört nun zu mir, erhöht meine Möglichkeit. Nun mag noch einmal deutlich werden, was für den Glauben von Belang ist: daß es gerade entscheidend darauf ankommt, was ich glaube, an wen ich glaube. Es macht eben einen Unterschied, ob ich an mich selbst, an mein Volk, an die Technik, an die Madonna oder an den Jesus glaube, von dem die Evangelien berichten. Es macht einen Unterschied, an was ich klebe, was mir Kraft gibt, was mir Möglichkeiten eröffnet. —

Sagt man von einem Menschen »Der klebt am Geld«, meint man, »Dieser Mensch glaubt ans Geld«. Das Geld gibt ihm Macht. Darum wird er geizig, »klebt« am Geld. — Glaube ich an mich selbst, »klebe« ich an mir selbst, verwirkliche ich die Möglichkeiten, die in mir angelegt sind. Dieser Glaube kann zum totalen Krieg führen. — Man kann auf ähnliche Weise auch an Jesus glauben. Man macht sich aus ihm eine Vorstellung, eine Idee. Man sieht in Jesus die Verkörperung seiner Ideale, so glaubt man an ihn. Ein solcher Glaube ist, wenn man es genau nimmt, wiederum ein Glaube an sich selbst. Man glaubt an eine Vorstellung, eine Idee und nennt diese Jesus. Ein solcher Glaube bleibt innerlich, unsichtbar. Unsichtbarer Glaube ähnelt fatal dem sichtbaren Unglauben. Unsichtbarer Glaube wird möglicherweise als Unglaube sichtbar. — Viele Christen pflegen zur Zeit einen unsichtbaren Glauben. In Wahrheit ist der Glaube ein Geheimnis und als solcher unsichtbar. Aber indem der Glaube glaubt, wird er zur sichtbaren Bewegung, wird er sichtbar, sichtbar vielleicht nicht für jedermann, sichtbar sicherlich für Jesus. Solchen Glauben kann ich nicht selbst machen. Er wird in mich hineingelegt. Dieser Glaube entsteht, weil Jesus von Nazareth da ist. Er spiegelt diesen Jesus. Fragen wir die vier, warum sie an Jesus glauben, werden sie uns antworten: »Wir haben doch von ihm gehört.« So fängt der Glaube immer an: »Wir haben gehört, was er kann.« Möglicherweise war Jesus damals in Kapernaum Stadtgespräch. Gehört haben wohl alle von ihm im Städtchen. Nur von diesen vier heißt es, daß »Jesus ihren Glauben sah«. Warum kommen gerade *sie* auf die Idee, den Lahmen zu Jesus zu bringen? Ich weiß es nicht. Ich sehe sie nur einen hoffnungslosen Fall zu Jesus tragen.

In Wuppertal haben heute fast alle schon von Jesus gehört. Aber nicht alle sind von ihm so überzeugt wie die vier Männer, daß sie sich einen Menschen aufladen, um ihn zu Jesus zu bringen. Ich meine, es ist ein Wunder, daß diese vier an Jesus glauben. Was sie von Jesus gehört haben, löst in ihnen vermutlich einen Reflex aus, bringt sie zum Handeln. Und was sie tun, scheint mir ein wenig unpassend. Man stelle sich vor, das würde heute passieren. Die vier hätten eine Strafanzeige zu gewärtigen wegen Störung des Gottesdienstes. Der Glaube, den Jesus an den vieren sieht, ist ein rücksichtsloser Glaube. Kann Glaube je anders glauben als rücksichtslos? Die Rücksichtslosigkeit der vier ist es, die als Glaube sichtbar wird. Die Männer lassen sich durch nichts abschrecken, steigen mit dem Kranken sogar aufs Dach, decken das Dach ab und lassen ihn langsam hinab. So sehr sind sie von Jesus überzeugt, daß sie sich durch nichts von ihm abhalten lassen. Diesen Glauben sieht Jesus. Nochmals: Ich meine, das ist das erste Wunder in dieser Geschichte, daß vier Männer an Jesus glauben; denn solcher Glaube macht vor dem Unmöglichen nicht halt. Bei dem herrschenden Gedränge wäre es unmöglich, eine Bahre zu Jesus zu tragen; der Glaube aber steigt auf das Dach und findet einen Weg zur Heilung. Im Glauben an Jesus haben die vier selbst schon etwas von der Möglichkeit und Macht des Jesus. »Wer ist es, der die Welt überwindet, wenn nicht der, welcher glaubt, daß Jesus der Sohn Gottes ist?«

Ein solcher Glaube ist heute keine Massenware. Er ist rar. Aber es gibt ihn. Vielleicht bei jener Gruppe von

Baptisten, die sich heute in Rußland verfolgen läßt, weil sie glaubt, daß Jesus stärker ist als ihre Verfolger. — Vielleicht bei jenen Christen in Südamerika, die in den revolutionären Untergrund gehen, weil sie der Sache Jesu mehr vertrauen als den Gewalthabern. — Vielleicht gibt es diesen Glauben auch in unserer Mitte. Wem aber an dieser Geschichte deutlich wird, daß ihm der überwindende Glaube fehlt, muß deshalb nicht Minderwertigkeitsgefühle bekommen, weil er sich den Glauben nicht selbst beibringen kann. Um Glauben kann man *bitten*. Wenn wir z. B. bitten »Dein Name werde geheiligt«, ist darin eingeschlossen die Bitte um Mehrung unseres Glaubens, denn Gottes Name wird durch den Glaubenden geheiligt.

Aber wie soll einer um Glauben bitten, wenn er nicht glaubt? Unsere Geschichte erzählt vom Glauben des Gelähmten nichts, den haben viele Ausleger hineingelegt. Andere Ausleger betonen: »Die gläubigen Träger brachten den ungläubigen Gelähmten zu Jesus.« — Nun wird auch nicht gesagt, der Kranke wäre ungläubig gewesen. — Ob er glaubt oder nicht glaubt, ist offenbar völlig uninteressant. Interessant ist nur, daß Jesus überhaupt Glauben sieht, den Glauben der Träger vermutlich, und daß er darauf reagiert. Wer Jesus hört, auf ihn zugeht, ihm vertraut, an ihn sich hält, tut das auch für andere. Der Glaube an den Welterneuerer bleibt nie privat. An eine Idee, an einen eingebildeten Jesus kann einer für sich allein glauben.

Wer an den wirklichen Jesus glaubt, glaubt für andere, reißt andere hinein in das Kraftfeld Jesu.

Ich weiß nicht, wie es um den Glauben des Einzelnen bestellt ist, wie stark oder schwach jeder und jede glaubt.

Ich weiß, daß in dieser Stunde keiner und keine mit dem eigenen Unglauben oder Kleinglauben allein ist. Was Paulus von der Ehe sagt, möchte ich jetzt von unserer Versammlung sagen: Der ungläubige Gottesdienstteilnehmer wird durch den Gläubigen geheiligt.

Ich stelle mir das so vor: Es gibt keinen Verzagten hier, der nicht neben, hinter oder vor sich vier Menschen hätte, die für ihn glauben. Jesus sieht auch heute den Glauben der vier, er sieht unsern Glauben, und er verlangt nicht einmal großen Glauben. Weil der Glaube will, daß Jesus groß werde, braucht er selbst nicht groß zu sein. Ein Senfkorn Glaube genügt schon, weil ja schon ein wenig Glaube den Welterneuerer widerspiegelt. Ich hoffe, daß niemand etwas dagegen hat, daß Jesus groß werde. In diesem Sinn wollen wir jetzt miteinander beten, daß wir besonders an den denken, der es nicht kann.

Wir treten vor dich,
Herr Christus,
Wie vor eine Bergwand,
Und wir rufen,
Rufen in dich hinein:

Hilf dem, der nicht glaubt.
Hilf dem, der dir nicht recht traut.
Hilf dem, der keine Hoffnung hat.
Hilf dem, der nichts mehr wagt.
Hilf dem, der nicht beten kann.

Sieh an, Herr,
Die an dich glauben.
Wir klammern uns an dich,
Laß uns nicht ohne Echo.
Laß uns nicht ohne etwas von dir.

Sammle dein Volk,
Erneure deine Gemeinde.
Mach unsern Blick hell
Für den, der leidet.
Lehre unsere Hände helfen.
Leite unsere Füße zum Einsamen.
Beflügle unsere Phantasie,
Das Unmögliche möglich zu machen
Für den Hilflosen.

Du siehst, Herr,
Die an dich glauben.
Lässest uns nicht ohne Echo,
Lässest uns nicht ohne etwas von dir.

Wunder als Heil

Das letzte Mal las ich hier die Geschichte von den vier Männern, die einen Gichtbrüchigen zu Jesus tragen. Ich habe den Glauben dieser vier Männer als das erste Wunder in dieser Geschichte bezeichnet. Heute geht die Geschichte weiter; heute soll das zweite Wunder bedacht werden. Jesus sieht den Glauben der vier, Jesus antwortet auf den Glauben der vier. Ich lese aus Markus 2, 5, was Jesus jetzt zum Gelähmten sagt:

»Mein Sohn, deine Sünden sind dir vergeben.«

Über Vergebung kann man sich nur wundern; aber dieses zweite Wunder beginnt, wie so oft ein Wunder beginnt, mit einer Enttäuschung. Da erwartet offenbar einer, auf die Beine gestellt zu werden. Jetzt liegt er vor dem berühmten Wundertäter, und dieser tut, was wohl niemand erwartet hat. Statt der Heilung bekommt der Kranke gute Worte, wird als »mein Sohn« angeredet, »mein Sohn, deine Sünden sind dir vergeben.«
Was soll der arme Kerl jetzt mit der Vergebung anfangen? — Liest man die Kommentare der Ausleger, merkt man, wie dieses Wort nicht recht passen will. Ernst Haenchen meint: »Die vier Männer haben doch den Gelähmten nicht dazu hergebracht, daß ihm seine Sünden vergeben werden, sondern damit er geheilt wird.« — Wenn der Evangelist notiert, daß die damals anwesenden Schriftgelehrten leicht entsetzt waren und Jesus Lästerung vorwarfen, haben wir heute wohl nicht weniger Schwierigkeiten, nur sind diese Schwierigkeiten von anderer Art. Ich meine, wir verstehen heute kaum mehr, was das heißt »Sünde«, »Vergebung«. Diese Worte sind jahrhundertelang durch unsere Predigt gegangen, jetzt sind sie lahm geworden. Müde und — unverständlich. Diese Worte bilden für viele Men-

schen heute eine Enttäuschung. Viele Prediger schämen sich, sie nachzusprechen. — Kaum jemand weiß, was »Sünde« ist, obwohl jedermann das Wort im Munde führt, und über »Vergebung« wundert sich kaum jemand. Ich behaupte: Darin liegt das Elend unserer Zeit, daran krankt das Christentum, daß wir nicht mehr verstehen, was über Jahrhunderte weg an unser Ohr dringt: »Mein Sohn, deine Sünden sind dir vergeben.«

Warum spricht Jesus in dem Moment von Sünde, da man Heilung von ihm erwartet? Ausgesucht taktvoll erscheint er gerade nicht. Warum muß er es diesem Lahmen und Hilflosen unter die Nase reiben? »Deine Sünden«, sagt Jesus, er meint damit etwas individuell zum Menschen Gehöriges. »Deine Sünden« sind wie »deine Hände«, »deine Augen«, »deine Lippen«, »deine Nase« unabtrennbar zum Menschen gehörig. »Deine Sünden«, sagt Jesus, die kann man offenbar nicht auswechseln. Man kann sie vielleicht verdrängen, man kann sie leugnen, kann Fluchtversuche machen, aber sie bleiben ein Schatten, der mitgeht. Warum ihn benennen, diesen Schatten?

Man muß sehen, wohin die Sünde führt: dahin nämlich, wo alles verstummt. Die Toten schweigen. Wenn das Wort bei Gott ist, ist die Wortlosigkeit beim Tod. Im Verschweigen und Vertuschen herrscht die Sünde auf den Tod hin. Es gibt ein tödliches Schweigen, und es könnte sein, daß unser Verschweigen und Verdrängen der Sünde tödlich wirkt. Jesus hebt diese Wirkung auf. Seine Taktlosigkeit ist heilsam. »Deine Sünden sind dir vergeben« heißt: »Du bist nicht länger Kind des Todes«.

Schalten wir zurück in die Zeit Jesu, erweist sich das, was uns als taktlos vorkommt, als Freundlichkeit. Nach der öffentlichen Meinung von Kapernaum war der Gelähmte ein Sünder; denn Krankheit galt als Folge der Sünde. Jesus bestätigt und bejaht die öffentliche Meinung, und er setzt nun diesem Kranken gegenüber das, was Gott tut: »Mein Sohn, deine Sünden werden vergeben« (Schlatter).

Man kann auch anders von Sünde reden, als Jesus es tut: Wolfgang Hildesheimer schildert in »Tynset« einen Mann, der an Schlaflosigkeit leidet und darum das Kursbuch liest oder das Telefonbuch. Er fängt an, das Buch nachzuprüfen und nachts eine Nummer einzustellen, um etwa zu fragen: »Sie sind es also, Herr Hunke.« — »Ja ... Warum?«, und dann fragt der Schlaflose: »Fühlen Sie sich schuldig, Herr Hunke?« Der zischt: »Warte nur. Bald sind wir wieder da. Dann geht es euch an den Kragen.« — Dies ist eine neue Erfahrung für den Schlaflosen: »Herr Hunke, hören Sie mir bitte jetzt gut zu: Es ist alles entdeckt. Alles, verstehen Sie? Ich möchte Ihnen raten: fliehen Sie, solange Ihnen noch Zeit bleibt.«

Da Herr Hunke gegenüber wohnt, beobachtet der Schlaflose, wie das Haus hell wird. Nach einer halben Stunde kommt ein Taxi, das Opfer des Anrufs fährt mit zwei Koffern davon. Der Schlaflose hat dieses Spiel noch einigemale wiederholt, Herr Hunke war nicht der einzige, der floh.

»Fühlen Sie sich schuldig, Herr Hunke?« — Der Auferstandene fragt nicht so. Jesus fragt nicht, ob sich der Gelähmte schuldig fühle. — In der Bibel wird nicht so sehr nach dem Sündengefühl gefragt als vielmehr nach der Erkenntnis der Sünde. Wenn Jesus sagt: »Deine Sünden sind dir vergeben«, kann er das nur sagen, weil er die Sünden erkennt. Sonst wäre ein solcher Satz eine Phrase, Jesus würde von etwas reden, das er nicht kennt. Mit diesem Satz ist alles »entdeckt«. Aber Herr Hunke braucht nicht zu fliehen, wenn ihm die Sünden vergeben werden.

Das klingt alles ein wenig nach Roman oder ein wenig theoretisch, wie man will. Aber unser Leben, unsere Zukunft hängt an Jesu Satz. Vielleicht gelingt es mir, diesen Satz zu verdeutlichen: — Ich erinnere daran, daß die meisten von uns heute zum Frühstück Kaffee oder

Tee oder Schokolade getrunken haben, wie ich annehme, mit gutem Gewissen. Und doch schlürfen wir mit jedem Schluck, den wir trinken, an unseren Sünden. In Indien und Südamerika sterben Kinder vor Hunger, weil wir ihnen zuwenig bezahlen für die Produkte, die wir ihnen abkaufen. — Was wir so gemütlich trinken am Morgen, gehört zu unseren Sünden. Und was gehört eigentlich nicht dazu? — Es sollte jedem einsichtig sein, daß unsere Politik in den Entwicklungsländern einmal zu einem schrecklichen Ende führt, zu einem Töten ohnegleichen, wenn es zur Vergeltung kommt.

Ich spreche von einer Tasse Kaffee und Tee, die wir getrunken haben. Vielleicht wird deutlich, wie das Wort »Sünden« viel, viel weiter geht als das, was wir gemeinhin mit »Sünden« bezeichnen, harmlos und heimtückisch wie ein Fluß, in dessen Hinterland es unaufhörlich regnet.* Er steigt und steigt, und der einzelne kann sozusagen nichts machen, es gibt eine katastrophale Überschwemmung, und in dieser Überschwemmung ist jeder mit seinen Sünden allein, und jeder nimmt teil am katastrophalen Ganzen.

»Meine Sünden«, das ist mein immer neuer Versuch, Gott zu entmachten. »Meine Sünden« vernichten Gott für mein Leben, schalten Gott aus. »Meine Sünden« bilden mein dunkles Geheimnis; aber nicht nur das, der Kaffee und der Tee, den ich trinke, machen deutlich, daß ich mit meinen Sünden Mitglied bin einer Gesellschaft, die dem Mammon dient und die Völker der Dritten Welt ausbeutet. Weil das Ganze der Gesellschaft Gott praktisch liquidiert, wird das Unrecht möglich, an dem wir alle teilnehmen, wird die Sünde zur katastrophalen Flut, in der wir alle treiben. — Es würde wenig helfen, wenn wir heute morgen einen Club der Anti-Kaffee-Trinker und Anti-Tee-Trinker

* Die Predigt wurde 1970 gehalten, in einer Zeit katastrophaler Überschwemmung in Rumänien.

gründen wollten. Wir kämen damit nicht aus unseren
Sünden heraus. Ein solcher Club könnte an den Ver-
hältnissen wenig ändern. Ich fürchte, das gäbe einen
Club von Pharisäern. Sünden gehen viel weiter als die
Fehler, die wir machen. Gegen ihre Konsequenz sind
Dämme machtlos.

Wo die Verhältnisse unter der Sünde stehen, können
wir uns als Einzelne aus der Sünde kaum selbst be-
freien. Können wir überhaupt von der Sünde loskom-
men? — Gewiß können wir unter Umständen einen
Fehler ablegen, und das fällt uns schwer genug. Sünde
aber ist mehr als Fehler. Was die Sünde angestellt hat,
können wir nicht aufheben. Die verhungerten Kinder
in Brasilien und Indien kann keiner lebendig machen.
Darum brauchen wir Vergebung, wie jene Kinder Auferstehung brauchen. Wir brauchen Rettung, wenn wir
nicht in den Fluten umkommen sollen.

Denken wir noch einen Moment lang darüber nach,
wie es zum Elend in den Entwicklungsländern kam:
durch Gedankenlosigkeit, durch böses Schweigen. Wir
denken ja in der Regel nicht daran, wie der Kaffee oder
Tee über Indien und Brasilien mit dem Hunger und
damit mit dem Schöpfer dieser Menschen zusammenhängt. Im Nichtdenken herrscht hier die Sünde. Im
Nichtdenken wird Gott ausgeschaltet, und das Aus-
schalten Gottes entfesselt das Unheil. — Zum Elend in
den Entwicklungsländern konnte es deshalb kommen,
weil die Christen nicht sahen, daß Gott die Sache der
Unterprivilegierten zu seiner Sache macht. Sünde ist
immer ein Übersehen Gottes. Die Sünde macht Gott
zu einem Nichts. Und überall da, wo Menschen an
Menschen und Verhältnissen leiden, wird es irgendwie
damit zusammenhängen, daß Gott zu einem Nihil, zu
einem Nichts gemacht wurde. Wird Gott zu einem
Nichts, wächst das Unheil zur steigenden Flut, zur
Überschwemmung.

Jesus stellt sich gegen diese Überschwemmung. Er hat
nichts als einen Satz, und wenn er ausgesprochen ist,

hat sich sichtbar noch nichts verändert. Darum stehen wir in der Versuchung, Jesu Wort zu verachten. Es ist uns zu arm, zu kläglich. Der Glaube der vier imponiert vielleicht mehr als dieses zweite Wunder, das nur in einem einzigen Satz besteht. Mit einem solchen Wunder läßt sich kein Staat machen. Es bleibt unscheinbar. So ein Satz ist rasch gesprochen, und einige der Anwesenden haben ihn als unpassend empfunden.

Und doch kommt jetzt in das Leben des Lahmen ein Neues hinein, etwas, was es in diesem Leben noch nie gab. Die Vergangenheit gilt nicht mehr in diesem Leben. Nur noch die Zukunft gilt. Der an der Bahre steht, sagt: »Mein Sohn, deine Sünden sind dir vergeben.« — Im Hessischen sagt man: »Er legt sich ins Wort«, wenn einer überzeugend spricht, wenn einer seine Person einsetzt für das, was er sagt. Jesus legt sich hier ins Wort. Er gibt sich selbst, indem er die Vergebung ausspricht. So wird er auch beim letzten Mahl den Jüngern den Becher reichen mit der Aufforderung zu trinken und mit der Versicherung, sein Blut werde vergossen zur Vergebung der Sünden. In der Vergebung gibt Jesus also etwas von sich selbst. Etwas von Jesus selbst wird an Menschen verteilt. Das ist ein Novum, etwas Neues und Neu-Machendes. Melanchthon hat hier ein »simul« gesehen, ein »zugleich«. Er hat gesagt: »Wenn Gott die Sünden vergibt, schenkt er uns zugleich den Heiligen Geist, der in den Frommen die neuen Tugenden hervorruft.«

Das steht nun nicht in meinem Text; aber es entspricht dem Sinn der ganzen Bibel; nach Jesu Sterben und Auferstehen kann man sagen: Vergebung heißt, daß er mit seinem schöpferischen Geist an Stelle der Sünden tritt. Wäre Vergebung nur das Wegnehmen der Sünde, würde sie den Menschen leer machen, würde ihm nehmen, was zu ihm gehörte. Vergebung wäre eine Amputation. Aber Jesus amputiert nicht. Er tauscht, was nicht zu tauschen ist. Genommen werden die Sünden, die zum Tod treiben, »deine Sünden«. Gegeben wird ein

Anhauch von Neuschöpfung. Das hat Konsequenzen. Der Mensch, bislang Werkzeug des Todes, wird selbst Werkzeug der Neuschöpfung dieser Erde. Gott gibt dem Menschen etwas aus sich, und der Mensch gehört Gott, damit alle Menschen Gottes werden. So liest sich Jesu Satz neu.

Damit weist unsere Geschichte vom Besonderen zum Allgemeinen. Ich meine so: Die Christenheit hat Jesu Satz weltweit nötig. Erscheint heute die Christenheit wie ein Patient auf einer Bahre, machen moralische Appelle den Patienten nur noch lahmer. Es muß schon ein Neues in uns anfangen, etwas, was uns das Aufstehen ermöglicht, etwas, was einen neuen Anfang schenkt, z. B. zwischen Polen und Deutschen, zwischen Europa und Südamerika, etwas muß anfangen, das den Weg zur Katastrophe stoppt. Dieses Neue hat angefangen, damals als die Schriftgelehrten meinten, Jesus lästere. Dieses Neue wird weitergehen.

Es ist weitergegangen. Ich meine auch in dem Moment, in dem Willy Brandt in Polen niederkniete. Viele Deutsche meinten, das wäre würdelos gewesen. Wer Vergebung will, muß sich diesen Vorwurf gefallen lassen. Hoffentlich bleiben wir alle nicht allzu würdevoll.

Wunder als Heilung

Ich sage dir: Steh auf, hebe dein Bett auf und geh in
dein Haus!
Markus 2, 11

Ein Arzt steht am Bett eines Zwölfjährigen. Lungen-
entzündung. Eben hat der Arzt eine Spritze gemacht.
Bald gehts wieder besser. — Bei der nächsten Arztvisite
fragt der Junge: »Wie ist das eigentlich mit Ihren Mit-
teln. Wieviel machen die Mittel, und wieviel macht der
Heiland?« — Der Arzt hat auf diese Frage nicht studiert
und fragt zurück: »Und was meinst du?« — Der Junge
denkt nach. »Ich denke, was Sie machen, Herr Doktor,
das hilft zu dreißig Prozent. Den Rest macht der Heiland.« Der Arzt war einverstanden.
Dieser Junge hat offenbar über zwei Dinge nachgedacht,
über die wir in der Regel kaum nachdenken. Er hat einmal darüber nachgedacht, was Jesus Christus kann. —
Ich meine, wenn Jesus nicht bloß eine Idee ist, lohnt es
sich, über sein Können nachzudenken. Wir predigen
gern Jesu Liebe, Jesu Mitmenschlichkeit, seine Gesinnung also. Das ist recht. Der Glaube der Christen rich-
tet sich vielfältig auf Jesu Gesinnung. — Aber seine Gesinnung nützt uns nichts, wenn er keine Macht hat,
wenn er heute nichts tun kann oder nichts tun will. —
Man stelle sich einmal vor, Jesus hätte nur gepredigt,
er hätte nur die Sündenvergebung ausgesprochen, dann
wäre seine Botschaft eine fata morgana, sein Predigen
hätte etwas Unwirkliches. Die Pharisäer von heute
würden ihm zwar nicht mehr vorwerfen, er lästere; sie
würden ihm bloß vorwerfen, der Satz »Dir sind deine
Sünden vergeben«, sei eine Leerformel. Darum beweist
er am Gichtbrüchigen, daß sein Wort Macht hat. Er
spricht nicht nur im Blick auf das Jüngste Gericht die
Sündenvergebung zu, er spricht für die unmittelbare

Gegenwart: »Damit ihr aber wißt, daß der Sohn des Menschen Macht hat, auf Erden Sünden zu vergeben – sagt er zu dem Gelähmten: Ich sage dir: Steh auf, hebe dein Bett auf und geh in dein Haus!« Und es geht, der Gelähmte kann gehen! – Wenn ich mich in die Rolle des Gelähmten versetze, würde ich möglicherweise jetzt zu diskutieren anfangen, würde Jesus bitten, er soll doch begreifen, daß ich unmöglich gehen kann. Ich fürchte, daß die vier Männer mich dann wieder wegtragen müßten. – Das Evangelium aber berichtet nichts von einem Disput des Lahmen mit Jesus. Es berichtet nur: »Und er stand auf, hob alsbald sein Bett auf und ging vor aller Augen hinaus.« Dieses Aufstehn des Gelähmten gehört ohne Zweifel mit zum Wunder. Würde er liegen bleiben, wäre offenbar kein Wunder geschehen. Bei Jesu Heilungs-Wunder ist der Mensch dabei, einer, der aufsteht.

Hier zeigt sich ein Unterschied zum ersten Wunder: Die Sündenvergebung wird dem Gelähmten zugesprochen als ein Urteil, das der Mensch empfängt, ganz und gar passiv. Aber das Wunder der Heilung geschieht als Befehl, das Unmögliche zu tun. Hier kann der Kranke nicht ganz und gar passiv bleiben. Hier muß er schon dem Wort folgen. – Und wer dem Wort folgt, wird schon sehn, was der wirkt, der das Wort ist in Person. Dem Wort folgen, heißt schon glauben. So kann man aus der Geschichte folgern: Jesus habe den Glauben der vier gesehen, den Glauben des Kranken offensichtlich nicht; sichtbar war bloß dessen Gebrechen, sein Unheil. Er vergibt ihm die Sünden und schafft damit den Glauben, der dem Wort folgt und sich auf den Weg macht, hin zum Wunder. Glaube, der dem Wort folgt, gerät ins Wunder. Folgt er dem Wort blindlings, bekommt er etwas zu sehen, bekommt zu sehen, was der Auferstandene jetzt tun wird. Wer glaubt, »klebt« an dem, der das Wunder wirkt, und wirkt mit bei dem Erstaunlichen, das nun geschieht.

Man könnte nun die Frage des kranken Knaben aufnehmen und die Frage stellen, wieviel Prozente am Zustandekommen dieses Wunders Jesus und wieviel Prozente dem Gelähmten zuzuschreiben seien. Ich stelle mir vor, wir könnten diese Frage sowohl dem Gelähmten als auch Jesus selbst vorlegen. Der Gelähmte würde möglicherweise antworten: »Jesu Wort hat mich auf die Beine gebracht, Jesus allein hat mich gesund gemacht.« — Würden wir Jesus fragen, könnte er uns vielleicht sagen: »Der Glaube der vier und dann der Gehorsam und der Glaube des Gelähmten hat ihn auf die Beine gebracht.« — So generös könnte Jesus wohl sein, daß er das Wunder als Wirkung des Glaubens erklären würde. Das ist freilich nur eine Vermutung, eine Spekulation von mir, vielleicht deshalb aber nicht ganz müßig, weil sie hilft, die Frage des Jungen zu beantworten. Sie zeigt, inwiefern Jesu Wort und des Menschen Werk am Zustandekommen einer Heilung beteiligt sind. — Ich denke, wir sind hier alle einig darüber, daß wir dieses Verhältnis von Gotteswerk und Menschenwerk bei einer Heilung kaum in Prozentzahlen ausdrücken können. Einmal belehrt uns das Neue Testament, daß Jesus nicht nur siebzig Prozent Anteil an der Heilung hat. So erklärt Matthäus das Werk Jesu als ein durchaus ärztliches: »Unsere Gebrechen nahm er weg, und unsere Krankheiten trug er fort.« Paulus sieht es wohl nicht anders: »Unser Leib ist für den Herrn und der Herr für den Leib.« Jesus ist um unseres Leibes willen auferstanden, und jetzt wird er auch um unseres Leibes willen hier gegenwärtig sein. Nannte man ihn einmal den Seelenheiland, so ist er ebensosehr der Leibesheiland. Retter und Arzt des Leibes.

Und ich meine, dies sei das zweite, worüber unser Junge nachgedacht hat, worüber wir aber meist nicht nachdenken. Indem er bedenkt, was Jesus Christus kann, entdeckt er: »Unsere Gesundheit ist keine Selbstverständlichkeit.« Kein Mensch hat ohne Jesus Christus Gesundheit. Kein Mensch wird ohne Jesus Christus gesund. Keine Chemie und keine Medizin kann ohne Jesus Christus existieren. Man kann zwar Jesus Christus verleugnen; nur leben kann man nicht ohne ihn. Ohne Jesu Wort gibt es keine Erde und keinen Himmel. Er trägt — wie der Hebräerbrief sagt — durch sein mächtiges Wort das Weltall. Man darf die Heilung des Gelähmten in unserer Geschichte nicht trennen von dem, was das Neue Testament an anderer Stelle über das Verhältnis der Schöpfung zu Christus lehrt. Etwa im Kolosserbrief: »Alles ist durch ihn und auf ihn hin erschaffen; und er ist vor allem, und alles hat in ihm seinen Bestand.« Darum kann er in Kapernaum so souverän befehlen: »Steh auf, hebe dein Bett auf und geh in dein Haus.« Vielleicht haben wir deshalb so viele Schwierigkeiten mit den biblischen Wunderberichten, weil wir Jesus Christus abgetrennt haben von der Schöpfung, weil wir vergessen haben, daß es kein Ding gibt auf dieser Erde ohne sein Wort. Das möglicherweise Übernatürliche der biblischen Wunder deutet nur darauf hin, daß Christus nicht Sklave, sondern Herr der Natur ist.

Wenn einer kommt und die Wunder der Bibel natürlich erklären will, mag er es ruhig tun. Nur sollte er eines bedenken: Es gibt keine Natur, die ohne und außerhalb dieses Jesus existieren kann. In diesem Sinn ist auch die Heilung vermittels einer Spritze zu hundert Prozent Jesu Werk, ein Wunder auch sie. Hat jedes Wunder, das Jesus tut, möglicherweise eine natürliche Seite; dann hat die Natur einen Bezug zu Christus, den der natürliche Sinn nicht wahrnimmt. Was Jesus kann, fängt nicht erst dort an, wo das Können der Menschen aufhört! Wir aber haben uns mit unserem Denken und mit unseren Leibern von Jesus unabhängig gemacht. Wir pflegen Jesus Christus in der Medizin und in der Natur zu übersehen. Wenn ein Mensch in Krankheitsnot ist, beten wir vielleicht. Wird er wieder gesund, sagen wir, »er hatte einen guten Arzt«, oder »er hat eine starke Natur«. Wenn er nicht wieder gesund wird, schiebt man's auf das unerhörte Gebet und erklärt möglicherweise das Bittgebet für unsinnig. — Von Zeit zu Zeit erschrickt man dann, daß es so viele Kranke gibt, denen nicht geholfen wird. — Es gibt freilich gläubige Gebete um Heilung, die nicht erhört werden; vielleicht kann man an Hand unserer Geschichte einen Grund angeben: Jesus reagiert auf den Glauben der vier. Die vier repräsentieren die Gläubigen, sie vertreten das Volk Gottes. Wenn aber das Volk Gottes ihn von der Schöpfung trennt und die Gemeinde als ganze nicht mehr an die Heilungsmacht Jesu glaubt, wird das Gebet des einzelnen es schwer haben. Auch wird es sehr leicht, aus dem Herrn für den Leib einen Dienstmann zu machen, der gerade fürs Heilen gut genug ist. Wenn es so wenig Heilung aus Glauben gibt unter uns, dann hängt das nicht nur am Wandel der Zeit, an den Erfindungen der Medizin, sondern auch am allgemeinen Unglauben der Christen, demgegenüber der einzelne in der Regel zu schwach ist.

Es gibt eine Tendenz in der Auslegung, das Wunder der Vergebung als das weitreichende, das eigentliche Wunder darzutun gegenüber dem nachfolgenden Heilungswunder. Eine solche Auslegung rechnet auf einer anderen Ebene als der kranke Knabe wiederum in Prozenten. »Die Dinge der Seele sind wichtiger als die des Leibes«, kann man in einem Kommentar nachlesen. Ein solcher Satz reißt Seele und Leib auseinander. Oder ist jemand hier, der schon seelenlos Zahnweh gehabt hat? Ein Satz, der die Seele dem Leib vorordnet, ist ebenso richtig und falsch wie die Behauptung »Gesundheit ist die Hauptsache.« — Fatal ist nur, daß wir in der Kirche uns sozusagen auf das Sündenvergeben spezialisiert haben, indessen das Heilen kaum vorkommt. War für Jesus das Vergeben schwerer als das Heilen, fällt uns das Vergeben so leicht, daß es unter Umständen allsonntäglich im Gottesdienst passieren soll. Aber passiert es denn wirklich? Jesus demonstriert an der Heilung sein Recht zur Vergebung. Mit welchem Recht vergeben wir, wenn wir diese Demonstration nicht mehr wagen? Es könnte wohl sein, daß die Gesetzesprediger, die heute auf so vielen Kanzeln die Leute ermahnen, nett zueinander zu sein, daß diese Prediger sich selbst das Recht zu vergeben abgesprochen haben. Verständlicherweise. Aber habe ich ein Recht zu mahnen, wenn ich kein Recht zur Vergebung habe?

Ich habe überhaupt kein Recht. Aber ich habe die Hoffnung, daß Jesus im Geist sein Wort neu spricht, das Wort von der Vergebung wie das von der Heilung. Und ich kann angesichts all der unheilbar Kranken nicht sagen, das Vergeben sei die eigentliche Wundertat, wie ich andrerseits angesichts unserer Verhältnisse und unserer Neurosen nicht sagen kann, die Vergebung wäre unnötig.

Mir bleibt unvergeßlich die Begegnung mit einem ehemaligen Handelsreisenden für Tabakwaren, der als Laienprediger und Seelsorger ein Heim für Gebrechliche leitete und mir sagte: »Ich habe die Gabe der Heilung. Ich brauche sie nicht, weil es sonst um mich herum eine Sekte gäbe. Aber ich bin überzeugt, daß die Zeit kommt, wo die Kirche diese Gabe wieder empfängt.« — Ich meine, diese Zeit kommt, wenn die Christen umdenken und entdecken, daß Jesus Christus die Macht hat zu heilen, weil er als der Auferstandene der Herr des Leibes ist. Es ist meine feste Überzeugung, daß ungezählten Kranken heute geholfen werden könnte, wenn wir, die Gesunden umdenken, den Sinn ändern würden.

Ich sehe drei Richtungen der Sinnesänderung. Sie orientieren sich an dem, was Jesus allgemein wirkt und was er im speziellen tut.

Erstens allgemein: Jesus ist Grund und Ziel aller Schöpfung, er stirbt am Kreuz zur Vergebung der Sünden und zum Heil und zur Heilung für alle Welt. — Umdenken kann darum heißen, daß man ein gutes Heilmittel, das Menschen machen, als Gabe von Christus empfängt. Gerade bei Arzneimitteln gilt, was ein Tischgebet sagt: »Alle guten Gaben, alles, was wir haben, kommt, o Herr, von dir.« Wer bei Arzneimitteln zu denken anfängt, wird aus dem Mißbrauch ins Danken kommen.

Zweitens speziell: dieser Jesus spricht in unserer Geschichte einem einzelnen besonders die Sündenvergebung zu und befiehlt einem einzelnen besonders: »Steh auf, hebe dein Bett auf und geh in dein Haus.« — So kann Jesus Christus auch heute zu einem einzelnen besonders sprechen. Wo wir einem Kranken begegnen, an Kranke denken oder selber krank werden, ist an diese Möglichkeit zu denken, an Jesu Möglichkeit eines heilenden Wortes. Der Glaube kennt keine hoffnungslosen Fälle, er zweifelt grundsätzlich an dem Wörtlein »unheilbar«. Der Glaube wartet für jeden Leidenden darauf, daß Jesus sein Wort neu spreche. Für den Glaubenden bleibt »unheilbar« ein vorläufiges Wort — wie auch das Aufstehen des Gelähmten vorläufig bleibt.

Mit dem Stichwort »vorläufig« bin ich bei der dritten Richtung, in der wir umzudenken haben: Die Heilung eines Gelähmten genügt nicht. Wo wir einem Kranken begegnen, an einen Kranken denken oder selber krank werden und Heilung wünschen, dürfen wir nicht zu wenig wünschen! Im Blick auf das Heer der Kranken ist eine einzelne Heilung immer zu wenig. Was Jesus damals tat, genügt noch nicht. Solange noch Gelähmte auf ihren Betten liegen und der, der jetzt sein Bett trägt, doch nicht weiter kommt als bis zum Grab, solange bleibt, was in dieser Geschichte anfing, eben »vor-läufig«. In diesem Betracht ist die Geschichte des Markus vom Gelähmten, den Jesus heilt, sozusagen nur ein Appetithäppchen, ein Versucherli, das zeigt, wie die Zukunft schmeckt. Die Geschichte will Appetit machen auf mehr; auf eine Heilung, die nicht länger vorläufig, sondern endgültig sein wird. Der Glaube erwartet nicht nur, daß ein Einzelner aufstehe, er wartet auf mehr. Der Glaube erwartet nicht nur, daß Lahme gehen. Er wartet darauf, daß Tote auferstehen.

Wie ein Pfeil einer Einbahnstraße weist diese Wundergeschichte auf die gänzliche Neuschöpfung des Leibes. Nicht nur ein Lahmer, die Toten sollen die Stimme hören — und dann wird's kein vorläufiges Wort mehr sein: »Ich sage dir: Steh auf.«

Naturwunder

Abschiedspredigt

Wer ist doch dieser, daß ihm sogar der Wind und der
See gehorsam sind?
Markus 4, 41

I

Beim Schreiben meiner Predigtlehre hat mich immer
wieder verwundert, wie viel ungepredigte Bibel es gibt.
— Ich meine damit Stellen, über die wir gemeinhin hin-
weglesen. — So möchte ich denn in dieser Abschieds-
predigt nicht meine tiefsinnigen Gedanken zum Thema
Wuppertal im allgemeinen und zum Thema Gemarke
im besonderen ausbreiten, sondern versuchen, ein
Stück ungepredigter Bibel auszulegen, die Frage der
Jünger aus der Geschichte von der Sturmstillung:
»Wer ist doch dieser, daß ihm sogar der Wind und der
See gehorsam sind?«
Seit bald dreißig Jahren predige ich, spreche von Jesus,
spreche auch zu ihm. Ich meine, ich weiß, wer er ist.
Nun habe ich die Bibel aufgeschlagen, eine Geschichte
gelesen und fange an zu merken: »Offenbar kenne ich
ihn noch gar nicht.« — Vielleicht wird es Ihnen, meine
Zuhörer, ähnlich gehen. Vielleicht meinen auch Sie zu
wissen, wer er ist. Sie glauben vielleicht an ihn, möglicherweise haben Sie sogar Erfahrungen mit ihm gemacht, bis Sie auf einmal merken: »Offenbar kenne
ich ihn noch gar nicht.«
Jesus, der Bekannte, den wir am wenigsten kennen!
Jesus, von dem man so viel liest und den man so sehr
übersieht. Es ist gut, wenn uns das deutlich wird und

wir merken, wie wenig wir ihn bisher gekannt haben. Wir befinden uns dann in guter Gesellschaft, in der der heiligen Apostel. Sie merken spätestens im Boot, wie unbekannt er ihnen bisher war. »Wer ist doch dieser?« rätseln sie. — Wohl uns, wo wir über Jesus, den Unbekannten, ins Staunen kommen! — Wo Jesus uns zur Frage wird und zum Rätsel, wird das ein Zeichen sein, daß er mitten unter uns ist, schlafend oder wachend, mit seiner geheimnisvollen Macht da ist, hier in dieser Kirche — wie damals im Boot. Drum will ich jetzt von dem reden, den ich hier glaube, hat er doch versprochen, dahin zu kommen, wo man in seinem Namen zusammenkommt. Ich denke, er muß jetzt irgendwie anwesend sein. Wer aber ist dieser, den die Jünger sahen, den wir nicht mehr sehen oder noch nicht sehen und der trotzdem hier ist, so real wie dort im Boot? Vergegenwärtigen wir uns den Bericht des Markus: Die Jünger haben eine Erfahrung gemacht, haben mit Jesus ein Abenteuer erlebt. Jesus spricht nicht in den Wind, er spricht zum Wind, und der Wind hat Ohren, hat Verstand, er hört auf Jesus, versteht Jesus und tut, was Jesus ihm sagt. Märchenhaft! Wo eben noch der Wind die Wellen peitschte und die Wellen über das Schiff stiegen, gleitet das Boot in die große Windstille. »Wer ist doch dieser, daß ihm sogar der Wind und die See gehorsam sind?« — Markus erzählt ein Naturwunder und stellt uns Jesus vor als Meister und Herr der Natur. Die Elemente gehorchen ihm wie ein Orchester dem Dirigenten.

II

Vergleichen wir unsere Geschichte mit unserem Verhältnis zur Natur, mag deutlich werden, wie unbekannt uns Jesus geworden ist. Wir haben Jesus von der Natur isoliert und die Natur von Jesus getrennt. Damit haben wir gezeigt, wie wenig wir ihn kennen. Auch darf Jesus dann nur noch beschränkt reden. Seine Redefreiheit hat er eingebüßt. Mag er Stürme der Seele stillen, mit dem Wetter soll er nichts mehr zu tun haben! — Diese unsere Haltung ist von langer Hand in der Kirche vorbereitet worden. Schon Augustin hat einmal die Frage gestellt: »Gott und die Seele. Weiter nichts?« Und er hat kühn diese Frage beantwortet: »Nein, nichts!« In diesem Sinn hat man in der Folgezeit unsere Geschichte häufig ausgelegt. So heißt es in einer älteren Anleitung für Prediger und Religionslehrer zu unserem Text: »Hier gibt es keine andere Wahl als die Transponierung ins seelische Gebiet.« Für das Wupperwasser und für die Wuppertaler Luft hat er nichts zu bedeuten! — Zeitgenössische Ausleger betonen in unserer Geschichte den Glauben. Mit Recht! — Der Glaube aber lebt von dem, was Jesus tat, was Jesus tut, was Jesus tun wird. Markus glaubte offensichtlich, Jesus hätte etwas mit dem Wetter und das Wetter hätte etwas mit Jesus zu tun. Heute ist der Glaube weit verbreitet, Jesus habe überhaupt nichts mit der Natur und die Natur habe überhaupt nichts mit Jesus zu tun.

TRAFO, eine Zeitschrift für Kirchenreform, brachte im letzten September ein Bild aus dem vorigen Jahrhundert. Drei Bäuerlein stehen vor einem etwas pummeligen Pfarrer, der in seinem Lehnstuhl sitzt:

— Ach! Herr Pastor, lassen Sie uns um Gottes willen eine Bittfahrt um Regen anstellen, es vertrocknet alles im Feld! —

— Recht gern, liebe Leut', so lange aber der Wind im Nord-Ost bleibt, kriegen wir doch keinen Regen. —

Schwarzer Humor zur Kirchenreform! Nicht nur das. Der pummelige Herr Pastor in seinem Lehnstuhl personifiziert ein bequemes und heute gängiges Denkschema. Alle reden vom Wetter — auch der Theologe. Aber zum Wetter hat er nichts zu sagen. Auf das Wetter hat er keinen Einfluß. Das Wetter findet draußen statt, ohne jegliche Theologie.

Ich möchte Sie bitten, den heute in Kirche und Welt

gängigen Denkschemata gegenüber ein gesundes Miß-
trauen zu entwickeln. Es könnte immerhin sein, daß
die drei Bäuerlein Jesus besser verstanden haben als der
Mann im Lehnstuhl. Aber wenn schon die Bauern Jesus
besser verstehen als ihr Pastor, ist noch nicht gesagt, daß
sie ihn recht verstehen. »Wer ist doch dieser, daß ihm
sogar der Wind und der See gehorsam sind?« — Wenn
alle vom Wetter reden, lade ich Sie ein, über das Wetter
nachzudenken. Wagen Sie es, gegen den Strich zu denken, gegen das, was Sie vielleicht zu denken gewohnt
sind. Die Gewohnheit nämlich macht träg, verdirbt das
Denken, verdirbt den Glauben, verdirbt unser ganzes
Christentum. Darum mein Rat: Nehmen Sie die mär-
chenhafte Geschichte des Markus einmal, wie sie da
steht, und überlegen Sie, welche Konsequenzen es haben würde, wenn die recht hätten, die damals im Boot
in große Furcht gerieten, weil Jesus ihnen als Herr über
Wind und Woge erschien.

Wem solches Denken zu abenteuerlich klingt, möge
vorerst den Preis berechnen, den die Menschheit wird
bezahlen müssen und schon bezahlt dafür, daß nach
allgemeiner Meinung Jesus nichts mit der Natur und
die Natur nichts mit Jesus zu tun haben soll. — Man
sieht diesen Preis schon am Wupperwasser, man riecht
ihn an der Wuppertaler Luft! — Hat Jesus der Natur
nichts mehr zu sagen, kann der Mensch an der Natur
gewissenlos handeln! Ohne Hemmung läßt er sich
dann von der Profitgier leiten, fuhrwerkt wie ein Irrer
in der Natur herum und nennt es Fortschritt, wo er die
Erde verwüstet, stolz, daß er auch sich und andere langsam, aber sicher umzubringen vermag.

Mit Automobilen zum Beispiel, 200 Millionen sind's
heute. Für tausend Kilometer verbraucht ein Auto
gleichviel Sauerstoff wie ein Mensch in einem Jahr,
während es im letzten Jahr ein ganzes Kilo Blei in die
Atmosphäre hinauspuffte, was für die Lungen nicht
besonders gesund sein soll. Bei der ständigen Vermeh-
rung der Automobile wird die Verminderung des Blei-

gehaltes im Benzin das Problem nicht aufheben. Aber welcher von uns Automobilisten denkt schon daran, daß er mit seinem Vehikel der Menschheit schaden könnte, wenn er sich ans Steuer setzt? — Wir Menschen haben ja phantastische Fähigkeiten, Tatsachen zu verdrängen, die zu bedenken uns unbequem sind.

Eine kurze Abschweifung: Warum fahren wir eigentlich Auto? — Man sagt, man spare Zeit. Aber haben Menschen, die Auto fahren, deshalb mehr Zeit? — Man sagt, es sei bequem. Aber ist das Fahren in stinkenden Autoschlangen etwa bequem? — Der Besitz eines Wagens flüstert dem kleinen Mann zu, er sei mächtig. In der Tat: So nach Herzenslust Gas geben, kann ein berauschendes Gefühl sein, besonders wenn man nicht an die denkt, die es einatmen müssen. Der kleine Mann meint, er sei um so mehr ein besserer Herr, je teurer der Wagen, den er fährt. Aber machen die teuren Wagen den Menschen besser? Gewiß, man kommt sich als freier Mensch vor, wenn man zur Urlaubsreise startet. Ist aber der Urlauber wirklich frei? Wie, wenn Kurt Marti recht hätte? Er schreibt: »Das Auto ist zum Opium des Volkes geworden, das die Bewußtwerdung der politischen und ökonomischen Ursachen unserer zunehmenden Unfreiheit vernebelt. Freiheit ist verkommen zum blechernen Freiheitsfetisch . . .« Dieser Fetisch verschmutzt ja nicht nur die Luft, er fordert jährlich Tausende von Menschen-Opfern. Das Heidentum kennt wohl kaum einen blutigeren Götzendienst. Der Sturm, der sich in unserer Geschichte erhoben hat, wird zum Symbol für das entfesselte Chaos, für die Macht des Widergöttlichen. So ist es denn kein Zufall, wenn im Lauf unserer Überlegung das Wort »Fetisch« und das Wort »Götze« fiel. Der Sturm, der sich über uns zusammenbraut, wird einen Zusammenhang mit dem Götzendienst unserer Zeit haben.

Dabei ist's ein schlechter Trost, daß die Weissagungen der Wissenschaftler über die Folgen der Luftverschmutzung einander widersprechen. Verstehe ich recht, spricht eine Theorie von einer Erwärmung der Atmosphäre, die Erde gleicht dann einem Treibhaus. Der Wetterkundler Malone meint, der Meeresspiegel könne im nächsten Jahrtausend 120 Meter steigen, weil die Gletscher mehr und mehr abschmelzen. Das könnte schon in kürzerer Zeit zu Katastrophen führen. — Eine andere Theorie meint, die zunehmende Verschmutzung, die das Sonnenlicht immer weniger durchläßt, vereise die Erde. So hat der Forscher Cobb die Sorge, daß eine neue Eiszeit entstehen könnte. — An Stelle der Propheten Israels weissagen heute Wissenschaftler kommendes Gericht.

Die Frage der Luft bildet hierbei ja nur ein Problem: Das Wasser, das Meer und die Erde selbst werden zunehmend mit Giften angereichert. — Man kann sagen, Umweltschutz sei ein Gebot der Vernunft. — Wann aber wird die Menschheit vernünftig? — Wird sie die Natur je vernünftig gebrauchen können, solange sie den Herrn über Wind und See unvernünftig verkennt? — Vielleicht ist dem einen oder andern schon ein wenig deutlich geworden, wie teuer es die Menschheit zu stehen kommt, daß die Christen Jesus und die Natur voneinander isoliert haben. (In DM ist das nicht auszudrücken; immerhin sollen für Umweltschutz allein in der Bundesrepublik in der nächsten Zeit 100 Milliarden DM nötig sein! Unsere Umwelt braucht heute mehr Geld als die Ruhrkohle, und das will etwas heißen.)

III

Ich meine, es würde sich schon lohnen, jetzt einmal gegen den Strich zu denken, also nachzudenken darüber, was die Heilige Schrift zu unserem Thema sagt, und sei es, daß wir unsere Auffassung von der Natur und unsern Umgang mit ihr revidieren müssen. Klingt unsere Geschichte auch märchenhaft genug, so kommt doch nur derjenige der Wahrheit näher, der es wagt, sie da zu suchen, wo sie ihm unglaublich und märchenhaft vorkommt. Wo Wahrheit entdeckt wird, kommt diese den Entdeckern allzumal märchenhaft vor. Im Entdecken der Wahrheit aber wird unsere Welt-Anschauung verändert, und wir erkennen, »was die Welt im Innersten zusammenhält«. —

Sehen wir unsere Geschichte im Horizont bedrohter Gegenwart, bedenken wir, daß die Probleme des Umweltschutzes doch wohl technisch zu bewältigen sind, bekommt auf einmal der alte theologische Satz von Jesus als dem wahren Gott und wahren Menschen eine neue Bedeutung und Aktualität. Das heißt dann: Dem wahren Gott sind Wind und See gehorsam, dem wahren Menschen sind Wind und See gehorsam. Und der Sturm, den die Wissenschaftler unserer Welt voraussagen, stellt uns vor die Frage, was Gott, was der Mensch tun werde.

Möglicherweise ist der autonome Mensch nicht fähig, Vernunft anzunehmen, solange er Gott nicht vernimmt. Ich weiß es nicht genau. Aber das weiß ich, daß große Appelle an den Menschen hier ebenso ungenügend bleiben wie der Satz »Hier hilft nur noch beten.« — Die Jünger, die Jesus weckten, machen das, was wir tun, wenn wir in der Not beten. Die Jünger bekommen Schelte. Sie sind zu vertraulich mit ihm umgegangen, haben zu wenig Vertrauen zu ihm gehabt, als sie ihn weckten. Beten kann ein Akt des Kleinglaubens sein, wie hektische Aktivität ein Akt des Unglaubens sein kann.

Jesus war Mensch, eins mit Gott, und darin lag seine Macht. So leistet er sich mitten im Sturm ein Schläfchen. Die Menschheit, uneins mit Gott, erlebt da, wo sie wissenschaftlich und technisch ihre höchste Höhe erreicht, ihre tiefe Ohnmacht, da sie — falls nicht alle Anzeichen trügen — sich nicht selbst zu helfen vermag, obwohl sie das technisch könnte. Die Menschheit ist aber nicht zur Ohnmacht bestimmt. Darum soll sie werden, was Jesus war. Er ist das Ziel der Menschheit. Wie er, soll die Menschheit werden, jeder Mensch ein Herr, mächtig, dirigentenhaft, so daß der Wind und der See ihm gehorsam sind. — Nicht die neue Sintflut, nicht die Vereisung ist unsere Zukunft, sondern dieser Jesus vom See Genezareth. Unsere Geschichte bildet eine Vorschau auf eine neue Menschheit. Jesus ist das Modell einer neuen Menschheit. »Wir wissen, daß wir, wenn es offenbar geworden ist, ihm gleich sein werden; denn wir werden ihn sehen, wie er ist« (1. Joh 3, 2b). Aller wahre Fortschritt aber geht auf diese neue Menschheit zu. »Wer ist doch dieser, daß ihm sogar der Wind und der See gehorsam sind?« Der, auf den der Glaubende zugeht. Der, in den der Hoffende sich verwandeln wird. Der, der in den Liebenden zum Vorschein kommt. Der, den wir sehen und den wir sein werden. Der, zu dem hin wir uns verändern. Der neue Mensch, der mit Gott nicht mehr uneinig, sondern eins ist. Die verschmutzte Natur wartet auf diesen neuen Menschen. »Denn die Sehnsucht des Geschaffenen wartet auf die Offenbarung der Herrlichkeit der Söhne Gottes« (Römer 8, 19). Die Wupperwellen möchten neue Wuppertaler.

IV

Weil in Jesus auf dem See unsere Zukunft erscheint, darum will ich jetzt nicht die vielen Mahnungen zur Vernunft um eine weitere solche Mahnung vermehren. Ich will lieber von Jesus reden, wobei ich allerdings meine, daß wir zur Vernunft kommen, wo wir ihn erkennen. So möchte ich noch drei Hinweise zur Person geben.
Erstens: Der Jesus vom See Genezareth ist nicht zu trennen vom Gott Israels. Wie Israel denkt wohl auch Markus über die Natur. Der Schöpfer hat seine Schöpfung nicht verlassen. Er begleitet sein Geschöpf. Die Schöpfung wird umgriffen und durchwaltet von ihm. Sie

kann keinen Augenblick in sich selbst und für sich selbst existieren. Sie gehorcht nicht eigenen Gesetzen, sondern seinem Wort. So wird das heutige Evangelium im Psalm schon vorformuliert: Da klingt's denn wie ein Kommentar zu den Weissagungen und Drohungen der Wissenschaftler: »Du stillest das Brausen der Meere / das Brausen ihrer Wellen / und das Tosen der Völker« (Psalm 65, 8).

Ich denke so: Würde Gott die Völker zur Vernunft bringen, wäre ihr »Tosen« gestillt, und »das Brausen der Meere« würde uns nicht mehr tödlich bedrohen. Die Völker könnten dann eine Bittfahrt unternehmen oder selber gut Wetter machen, beidemal würden sie Gott die Ehre geben. Ich sagte eben »Vernunft«. Präziser würde ich sagen »Jesus-Geist«. Die Völker brauchen heute einen neuen Geist, der ihre Technik und ihre Wissenschaft in Regie nimmt und mit dem Willen und Tun Gottes in Einklang bringt. Dieser neue Geist wird ein Geist der Verbundenheit sein, ein Geist auch, der die Natur auf den kommenden Gott hin neu entdeckt. Zweitens: Das Johannes-Evangelium vermittelt uns die Nachricht, daß der Schläfer im Sturm kein anderer ist als der, der Wasser und Wind, Erde und Himmel ins Dasein rief. Jesus verkörpert das Wort, das im Anfang war als Ursprung der Welt (1, 3). — Der Hebräerbrief nimmt diesen Gedanken in etwa auf und führt ihn weiter. Jesus trägt das Weltall durch sein machtvolles Wort (1, 3). Das ist's, was die Welt im Innersten zusammenhält. Wer aber kann das verstehen?

Jesu Wort für jeden Stern am Himmel,
Jesu Wort für jede Welle im Fluß,
Jesu Wort für den Vogel, der singt,
Jesu Wort für den Grashalm im Wind,
Jesu Wort für die Feldmaus in ihrem Gang.

Unsere Welt voll Wunder. Jeder Stern, jede Welle, jeder Vogel, jeder Grashalm, jede Feldmaus ein Wunder. Was auch geschieht in Gottes Schöpfung, ein Wunder. Der, dem Wind und Welle gehorchen, macht und erhält die Welt als Wunder. — Diese Entdeckung ist erst noch zu machen. Wir Christen werden das Wundern erst wieder lernen müssen. Wir lernen es dann, wenn Gottes Geist uns die Augen öffnet und uns staunen läßt darüber, daß der Jesus vom See Genezareth heute am Wirken ist. Nicht nur im Verborgenen eines menschlichen Herzens, sondern auch draußen, wo die Sterne blinken, die Wellen rauschen, die Vögel fliegen, Grashalme grünen und Mäuslein ihre Gänge graben. Lernen wir Menschen von heute, nur noch den zu fürchten, den die Jünger im Boot gefürchtet haben, wächst uns auch die Ehrfurcht zu vor allem Geschaffenen. Wir erkennen dann: Unser Verhältnis zu Jesus und unser Verhältnis zur Natur und zum Weltall lassen sich nicht auseinander dividieren.

Drittens: Jesus, das Ziel der Menschheit, der Mensch, zu dem wir werden sollen, bringt die ganze Schöpfung zum Ziel. Und die große Windstille in unserer Geschichte signalisiert, was kommt, eine Natur ohne tödliche Bedrohung für den Menschen, eine Natur, frei von der tödlichen Bedrohung des Menschen. Als Unmenschen beuten wir die Schöpfung aus. Der wahre Mensch bringt sie zur Ruhe. Else Lasker-Schüler hat uns den Satz hinterlassen: »Der Nazarener ist der Sonntag der Schöpfung.« — Lesen wir im Evangelium des Markus nach unserer Geschichte weiter, sehen wir, wie er nicht nur den See zur Ruhe bringt, wie er auch sonst den Geschöpfen Sonntag macht. Den Gerasener, in Gräbern hausend, tobsüchtig wie die heutige Menschheit, sieht man auf einmal bekleidet und vernünftig dasitzen (5, 15). Jesus hat ihm den Sonntag gebracht. — Auch in der übernächsten Erzählung sorgt Jesus für Sonntagsruhe. Lärmende und weinende Klageweiber komplimentiert er hinaus, und wenn er Jairi Töchterlein vom Tode erweckt, läßt er nicht ein Tedeum anstimmen, sondern befiehlt, dem Mädchen zu essen zu geben. Ich kann mir hierbei nur einen Sonntagsbraten vorstellen.

»Wer ist doch dieser, daß ihm sogar der Wind und der See gehorsam sind?« Dieser macht die Erde zu einem Sonntag, und der Sonntag ist eine neue Zeit. Vielleicht ahnen wir heute, wie der Werktag des Menschen mit seiner technischen Entwicklung die Erde unvernünftig verdirbt. Wer aber die Umwelt vergiftet, hat nicht das letzte Wort. Und der das letzte Wort hat, hat es zu Welle und Wind noch nicht gesprochen. Mag der Jesus vom See Genezareth heute unter uns sein wie im Tiefschlaf, einmal wird er aufstehen und das letzte Wort sprechen. Dann wird's in aller Welt nur noch Sonntag geben.

Das Wunder der Kleinen

Andacht an der Kirchlichen Hochschule

In jener Stunde traten die Jünger zu Jesus und sagten: Wer ist wohl der Größte im Reich der Himmel? Und er rief ein Kind herbei, stellte es mitten unter sie und sprach: Wahrlich, ich sage euch: Wenn ihr nicht umkehrt und werdet wie die Kinder, so werdet ihr nicht ins Reich der Himmel kommen. Wer nun sich selbst erniedrigt wie dieses Kind, der ist der Größte im Reich der Himmel. Und wer ein solches Kind um meines Namens willen aufnimmt, der nimmt mich auf.

Wer aber einen dieser Kleinen, die an mich glauben, zur Sünde verführt, für den wäre es besser, daß ihm ein Mühlstein um den Hals gehängt und er in die Tiefe des Meeres versenkt würde. Wehe der Welt der Verführungen wegen: Denn es ist (zwar) notwendig, daß die Verführungen kommen; doch wehe dem Menschen, durch den die Verführung kommt! Wenn dich aber deine Hand oder dein Fuß zur Sünde verführt, so haue ihn ab und wirf ihn von dir! Es ist besser für dich, daß du verstümmelt oder lahm in das Leben eingehst, als daß du zwei Hände oder zwei Füße hast und in das ewige Feuer geworfen wirst. Und wenn dich dein Auge zur Sünde verführt, so reiße es aus und wirf es von dir! Es ist besser für dich, daß du einäugig in das Leben eingehst, als daß du zwei Augen hast und in die Hölle mit ihrem Feuer geworfen wirst. Sehet zu, daß ihr keinen dieser Kleinen verachtet! Denn ich sage euch: Ihre Engel in den Himmeln schauen allezeit das Angesicht meines Vaters in den Himmeln.

Was meint ihr? Wenn ein Mensch hundert Schafe hat, und es verirrt sich eins von ihnen, wird er nicht die 99 auf den Bergen lassen, und geht er nicht hin und sucht das verirrte? Und wenn es sich begibt, daß er es findet,

wahrlich ich sage euch: Er freut sich über dasselbe mehr
als über die 99, die nicht verirrt waren. So ist es nicht
der Wille eures Vaters in den Himmeln, daß eins dieser Kleinen verlorengehe.
Matthäus 18, 1—14

Groß möchten viele sein, kleine Kinder und Erwach-
sene erst recht, Heiden und Christen. Große Wissenschaftler, große Denker und wer weiß, große Heilige,
große Esser und Trinker, große Arbeiter oder große
Schläfer, große Sportler oder Nicht-Sportler, große Kri-
tiker oder große Gemütsathleten. Was auch immer
man sein kann, irgendwo »groß« möchte wohl manch
einer sein. Und im Evangelium fragen die Jünger: »Wer
ist der Größte im Himmelreich?«
Jesus stellt uns eine orientalische Rotznase vor Augen
gleichsam als Modell, als Idealgröße. »Wer nun sich
selbst erniedrigt wie dies Kind, der ist der Größte im
Himmelreich.« — Groß möchten wohl alle sein, niedrig
müssen alle werden, weil wir Menschen sonst zu groß
sind fürs Himmelreich! Das Himmelreich entfaltet sich
nämlich darin, daß Gott selbst klein wird. Der Welten
und Zeiten schuf und selbst so groß ist, daß alle Himmel ihn nicht fassen, wird Kind. »Wer ein solches Kind
aufnimmt in meinem Namen, der nimmt mich auf.«
Gott erniedrigt sich, und der Mensch will groß werden,
groß sein. Den Gedanken der Denker bleibt er undenk-
bar. Für das Gehirn eines Weisen bleibt er zu groß;
aber ein Gassenkind soll ihm als Stellvertreter seiner
selbst gerade recht sein. So singt denn die Frau, die ihn
zur Welt bringt: »Er stößt die Gewaltigen vom Thron
und erhebt die Niedrigen« (Luk 2, 52). Das Lied der
Maria ist ein Revolutionslied.
Der große Karl Barth hat in seiner Einführung in die
evangelische Theologie geschrieben: »Es mag große Ju-
risten, Mediziner, Naturforscher, Historiker, Philosophen geben: es gibt aber — das gehört beiläufig auch zu
den ›Existentialien‹ der Theologie — nur *kleine* Theo-

logen« (86). Ich denke, dies ist für einen deutschen
Theologen besonders schwierig, hat doch die deutsche
Theologie in der Welt ein besonderes Ansehen: besonders gründlich, besonders gelehrt. Wie kann ein deutscher Theologe angesichts der großen Leistungen deutscher Theologie klein sein?

Wenn Novalis sagt, der Deutsche sei lange das Hänschen gewesen, fügt er hellseherisch hinzu: »Er dürfte
aber wohl bald der Hans aller Hänse werden.« Nach
tausend Jahren Großhanserei ist ein Theologieprofes-
sor in Deutschland in einem gewissen Sinn immer noch
der Hans aller theologischen Hänse. Wie kann er wieder zu einem Hänschen werden?

Ich meine, hier muß schon ein Wunder passieren; das
Wunder, an dem ein Nikodemus in der Nacht herum-
rätselte, und dieses Wunder hat mit der Liebe zu tun.
»Die Liebe ist frey — Sie wählt das Ärmste und Hülfs-
bedürftigste am liebsten« (Novalis). Und nicht nur das.
Wer geliebt wird, Liebe erfährt, braucht Größe nicht,
kann gewissermaßen Hänschen klein bleiben. Wer
groß werden will, geht an der Liebe vorbei. Man sieht's
am Hans aller Hänse. Das Wunder der Liebe geschieht
an uns nicht ohne uns. Darum wird uns zugemutet, wie
die Kinder zu werden. Diese Zumutung ist die der
Liebe.

Das Höchste, was wir lernen können, heißt klein werden. Groß werden geht irgendwie fast von selber, auch
wenn's schmerzt. Aber klein werden, das braucht Stu-
dium, Mühe, Eifer. Hochschulen wären nötig mit Lehr-
gängen fürs Kleinwerden. Im Lehrplan wären m. E.
zwei Dinge vor allem zu beachten.

Zuerst müßte man lernen, etwas nicht mehr zu tun,
was man im Groß-werden-Wollen von allein tut, weil
einem sozusagen ein Naturtalent zuwächst. Wer Größe
anstrebt, muß das Kleine verachten. Wer hoch hinaus
will, muß über Niedrige hinaus. Seitdem Gott sich
selbst klein gemacht hat, gilt aber dieses Gesetz nicht
mehr. »Sehet zu, daß ihr nicht einen dieser Kleinen

verachtet.« Das kennen wir doch gerade in der christlichen Gemeinde, das Kleine, das Kleinliche, Kleinkarierte, Kleinbürgerliche, das Kleinherzige, Kleinmütige, Kleingläubige, man riecht es förmlich an den kirchlichen Zusammenkünften und Versammlungen, klein in klein. Gottes Kirche ein Kleingarten. Der akademisch Gebildete und der es in der Frömmigkeit und Heiligung schon auf eine gewisse Höhe gebracht hat, und wer auch immer irgendwo auf der Höhe ist, höre: »Sehet zu, daß ihr nicht einen dieser Kleinen verachtet.« Sei dieser Kleine nun ein kleiner Theologe oder sonst christlicher Kleingärtner.

Vielleicht steht der Gassenjunge noch etwas verlegen, Jesus erzählt die Geschichte vom Schaf — diesem dummen Tier, das davonging: Gott selbst ist sozusagen um seinetwillen töricht geworden. Darum kommen wir unterwegs zur Kleinheit Jesu am Verlorenen vorbei. Wer allerdings mit dem Groß-Werden beschäftigt ist, hat keinen Blick für den Kleinen und keine Zeit für den Verlorenen. Nach dem Lehrplan ist das zweite, was fürs Kleinwerden zu lernen ist, den Verlorenen zu suchen. »So ist es nicht der Wille eures Vaters in den Himmeln, daß eines dieser Kleinen verlorengehe.« — Wäre es anders, wären auch wir Verlorene, wir kleinen Theologen.

Der Tod – Ende und Anfang des Wunders

Lehre uns unsere Tage zählen, daß wir ein weises Herz
gewinnen.
Psalm 90, 12

Was ist der Tod? Was ist das Sterben? —
Der frühere Pfarrer von Grindelwald hat mir einmal
die diversen Reaktionen der Kurgäste auf einen Lei-
chenzug geschildert, der nach altem Brauch durchs Dorf
führt. Einhellig sei nur der Reflex der Frauen in Shorts
oder Bikinis gewesen. Wurde der Sarg sichtbar, hätten
die leichtbekleideten Frauen sich entweder spontan
versteckt oder mit irgendeinem Kleidungsstück bedeckt.
Was ist der Tod, daß er diesen Reflex in uns auslöst?
Was ist das Sterben, daß Kurgäste sich verhüllen, wenn
sie einem Sarg begegnen? — Wenn Max Frisch in Ost-
berlin das Grab von Berthold Brecht besucht, notiert
er: »Es bleibt rätselhaft, daß Brecht sich einen Stahlsarg
verordnet hat. Wovor soll der Stahlsarg schützen: vor
den Machthabern? — vor der Auferstehung? — vor dem
›Aas mit vielem Aas‹? Wir haben ihn nicht gekannt.«
— Wir wissen nicht, was Bert Brecht dachte, als er sich
einen Stahlsarg verschrieb. — Jessica Mitford berichtet
in ihrem Buch »Der Tod als Geschäft«, daß »neben dem
Erwerb eines Hauses und eines Wagens die Kosten für
eine Bestattung die drittgrößte Ausgabe im Leben einer
amerikanischen Familie« darstellt. Was denkt eine cle-
vere Amerikaner-Familie, daß sie 1450 Dollar für die
Bestattung ausgibt? Was ist der Tod, daß man mit ihm
ein Geschäft machen kann?
Es gibt die Sehnsucht nach dem Tod, und es gibt die
Angst vor dem Tod. Aber es gibt kein Verstehen des
Todes. Der Mond ist erforschbar, der Tod nicht. Karl
Jaspers sagt: »Sterbend erleide ich den Tod, aber ich
erfahre ihn nie.« — Das ist das Tödliche am Tod, daß

wir ihn nicht verstehen. Weder Todessehnsüchte noch Todesängste lehren uns das Sterben zu begreifen. — Sigmund Freud meint: »Der eigene Tod ist ja auch unvorstellbar.«

Hier betet einer: »Lehre uns unsere Tage zählen, daß wir ein weises Herz gewinnen.« Luther kann auch übersetzen: »Lehre uns bedenken, daß wir sterben müssen, auf daß wir klug werden.« — »Lehre uns« heißt: »Wir sind dumm.« Wir sehen zwar das Sterben, sind aber blind für den Tod. Wir »können« den Tod nicht, bekommen ihn nie in den Griff, wie der Künstler seine Geige in den Griff bekommt. Er spielt uns.

Luther schreibt in einer Auslegung zu unserem Psalm: »Ihr wißt, daß das Menschengeschlecht durch die Erbsünde so gefallen ist, daß es nicht allein weder Gott noch sich selbst erkennt, sondern auch all das Unglück, das es fühlt und leidet, nicht versteht.« Das heißt doch: das Nicht-Wissen über den Tod ist so alt wie der Tod selbst. Und dieses Nicht-Wissen um den Tod hat Konsequenzen: der Heide versucht, entweder den Tod zu verachten oder aber den Tod zu verklären, etwa nach dem alten, fatalen Spruch, daß es süß sei und ehrhaft, für das Vaterland zu sterben. Nur weil es gelang, den Tod heidnisch zu verachten und zu verklären, waren all die Kriege möglich, die das christliche Abendland so unchristlich immer wieder geführt hat. Die Kriegsgeschichte unserer Völker war wohl nur deshalb möglich, weil man sich im Blick auf den Tod etwas vormachte. Ich denke, Uniformen, Marschübungen, Marschmusik halfen und helfen den Soldaten, den Gedanken an den Tod zu verdrängen. Sicherlich ist es für eine Gesellschaft, für ein Volk nicht gleichgültig, wie es zum Tod steht. Aber vielleicht erscheint meine Überlegung als irreale Spekulation. Vielleicht liegt folgende Überlegung näher: Unsere Verkehrstoten sterben nicht von ungefähr. Hinter vielen Verkehrsunfällen liegt eine Gesinnung, und möglicherweise haben die Toten auf der Autobahn ihre Ursache in einer Todesverachtung oder Todesverklärung unserer Gesellschaft. Würden wir den Tod verstehen, würden wir auch weniger Tod verursachen. Und den Tod werden wir nur verstehen, wenn wir ihn als den erkennen, den wir selbst sterben müssen.

Was ist der Tod, was ist das Sterben? — Auf diese Frage kann Psalm 90 eine klare und eindeutige Antwort geben; sie verknüpft den Tod mit der menschlichen Sünde und göttlicher Reaktion: »Denn wir vergehen durch deinen Zorn.«

Den Tod verstehen wir also, wenn wir Gott selbst verstehen, wenn wir seinen Schmerz erkennen, diesen Schmerz, den die Liebe hat, wenn sie zürnt, diesen Schmerz über unser Sterben: »Denn wir fahren plötzlich dahin durch deinen Grimm.« — Die Dame im Bikini aber zieht den Regenmantel an. — Brecht verordnet sich einen Bleisarg. — In den USA läßt sich mit dem Tod ein Geschäft machen. — Schutzmaßnahmen und Abwehrreaktionen gegenüber dem, was unser Psalm »deinen Zorn«, »deinen Grimm« nennt. — Sie bestätigen unbewußt die Definition des Paulus:

»Der Tod ist der Sünde Sold.«

Aber was nützt uns diese Definition, wenn sie für uns eine fremde Wahrheit bleibt? Eine Theorie vom Tod ist wie eine Theorie vom Tod. Die Definition nützt mir nichts, solange sie Definition bleibt, solange ich ihre Wirklichkeit nicht erkenne; darum schlage ich vor, daß Sie alle versuchen, es mit mir nachzubuchstabieren: »Lehre uns unsere Tage zählen, daß wir ein weises Herz gewinnen.«

Beim Nachbuchstabieren wird es wichtig sein, genau auf den Wortlaut zu achten: — Im Verlauf der Predigtvorbereitung habe ich mir diesen Vers aus dem Gedächtnis auf einen Zettel geschrieben: »Lehre mich bedenken, daß ich sterben muß, damit ich klug werde.« — In der Bibel gibt's einen kleinen, aber nicht unbedeutenden Unterschied. Da heißt's: Lehre uns bedenken, daß wir sterben müssen.« »Uns«! Da bin ich mit dabei.

Leider.

Das kann sicherlich auch ein Einzelner sagen. Aber wenn ich auf meinen Zettel schreibe: »Lehre mich bedenken«, sind die anderen eben nicht dabei, die Gesellschaft bleibt unverändert.

Es ist wohl nicht nebensächlich, daß der Psalm nicht »ich« sagt, sondern »wir«. Die Ausleger meinen, daß Psalm 90 in die Gattung der Volksklagelieder gehöre. Wird er als Gebet des Mose deklariert, soll ihn doch das ganze Volk Gottes beten: »Lehre uns unsere Tage zählen, daß wir ein weises Herz gewinnen.«

Nicht nur »ich« sterbe. Könige und Bettler, Kinder und Greise, ein Volk, eine ganze Gesellschaft haben gezählte Tage. Mein eigener Tod, unser aller Tod, ist in keiner Weise Privatsache, obwohl jeder Mensch seinen eigenen Tod allein sterben muß. Die Frage, wieviel Tage ich, wieviel Tage wir zu zählen haben, hängt nicht nur, aber auch davon ab, was die Gesellschaft, was das Volk, in dem wir leben, tut, hängt ab u. a. von der Politik, vom Leistungszwang, von Umweltbedingungen. Die Tage zählen wird wohl auch heißen, auf das merken, was sie verkürzt.

Auf diese Weise aber kommen wir mit dem Zählen nicht durch. Wir können alle die Tage zählen, die vergehen, die vergangen sind. Aber die, die noch kommen? Wer kann die zählen? Wollen wir die kommenden Tage zählen, müssen wir die Kraft kennen, die Zeit schenkt, die Leben ermöglicht. Diese lebenschaffende Kraft sieht der Israelit im Anhauch Gottes. Er weiß, die Menschen können nicht aus sich selbst leben: »Nimmst du ihren Odem hin, so verscheiden sie« (Ps 104, 29). Kein Mensch kann ohne Gottes Geist leben. Und dieser schöpferische Geist wirkt auch in der Weise, daß er sein Wissen mitteilt, das die Zukunft umgreift. Der das Leben gibt, weiß auch, wie lange es währt. Er kann das Künftige zählen und lehrt uns die hohe Rechenkunst, die Rechnung nicht ohne den Wirt zu machen. Die Tage zählen lernt nur, wer von Gottes Geist belehrt wird, von dem Geist, der die Tage gibt und in den Tagen sich selbst. Vielleicht kann man auch sagen: Die Tage zählen lernt der, welcher den Geber der Tage erkennt, und der erkennt den Geber, dem er selbst sich schenkt. Die Tage zählen heißt dann, ein je neues Geschenk zählen. Wer die Tage zählen lernt, wird dann nicht mehr die Zeit totschlagen. Er wird nicht mehr Zeit verlieren, sondern Zeit gewinnen; denn er lernt, jeden Tag als Gewinn zu buchen. Auf solche Weise wird er »ein neues Herz einbringen«, »klug werden«.

Nun käme es darauf an, daß nicht nur der Einzelne ein weises Herz einbrächte; es käme darauf an, daß die Dummheit und Gedankenlosigkeit von uns Christen dem Tag und der Zeit gegenüber aufhörte, daß hier eine Gemeinde klug würde.

Was wäre das für unsere Stadt, was wäre das für unsere Gesellschaft, wenn in Gemarke eine Gemeinde »klug« würde? Vielleicht darf ich ein Gleichnis erzählen, ein Gleichnis vom Klugwerden. Ein Arzt hat es mir berichtet:

Eine junge Frau, Krebs, hat nach menschlichem Ermessen noch höchstens zwei Jahre zu leben. Der Arzt spricht mit ihr, erzählt ihr seine Prognose. Da passiert etwas Überraschendes: Die Patientin steht auf, sie bringt ihre Verhältnisse in Ordnung. Sie kann noch etwas sein für ihre Angehörigen. Entsinne ich mich recht, lebte sie noch ein Jahr, fast wie eine Gesunde, bis der Zerfall kam. Die Einzelheiten weiß ich nicht mehr so genau. Dies ist mir aber vor allem eindrücklich geblieben, daß der Arzt erklärte, die Patientin hätte nicht die Kraft besessen, aufzustehen, wenn er nicht gewagt hätte, ihr seine Prognose zu sagen. — Diese Frau gewann Zeit dadurch, daß sie ihre Tage zählen lernte. Was ich hier erzähle, nenne ich ein Gleichnis. Einmal darum, weil ein Mensch für uns alle genannt wird. — »Ein Gleichnis« nenne ich diesen Fall auch darum, weil einer nicht schon damit klug wird, daß der Arzt ihm sagt: »Du hast noch so und so viel Tage zu leben.«

Ärztliche Prognosen können für uns sehr wichtig sein, machen aber das Herz noch nicht weise, leider. Gottes Geist allein macht ein Menschenherz weise. Aber wie? Durch die Bitte: »Lehre uns unsere Tage zählen, daß wir ein weises Herz gewinnen.«

Wenn diese Bitte erhört wird, wird die Gemeinde Gemarke sich nicht länger zu Tode pflegen lassen wie eine Krebskranke. Sie wird aufstehen und diesen Tag begrüßen als Tag des Herrn. — Und jeder Tag wird dann zu zählen sein als Tag, den Christus uns gegen den Tod schenkt. Wenn Gottes Geist uns lehrt, die Tage zu zählen, lehrt er uns, sie gegen den Tod zu zählen. Und wenn die Gemeinde aufsteht, wird sie gegen den Tod aufstehen. Wenn wir Christen aufhören, dumm zu sein, kommt es zum Aufstand gegen den Tod. Werden wir klug, werden wir uns mit dem Irrsinn »Tod« nicht mehr abfinden. Wir werden vielmehr eine Entdeckung machen, ein Geheimnis des Glaubens werden wir entdecken: wir sind schon gestorben. Wir sind andere geworden. Wir sind nicht mehr die, die wir sind. Wir sind neu, schon gestorben, um zu leben. Im Sterben Jesu belehrt uns der Geist über unser eigenes Sterben. Wer weder Gott noch sich selbst erkennt, versteht auch den Tod nicht, den Jesus hinter uns gebracht hat. Jesus stirbt den kollektiven Tod. Er hat den Tod »erfahren«, und diese Erfahrung teilt er uns mit:

»Nehmet, esset! Das ist mein Leib.« — »Trinket alle daraus! Denn das ist mein Blut des Bundes!« So massiv läßt er uns seinen Tod erfahren.

Seine Passion macht darum unseren eigenen Tod »vorstellbar«. Der Glaube erkennt, was den Philosophen und Seelenforschern verborgen bleibt: Am Kreuz sind wir gestorben. Ich und du, in sein Grab sind wir gelegt. »Wir sind also durch die Taufe auf seinen Tod mit ihm begraben worden.« Und sein Grab ist leer. Darum gilt es aufzustehen.

Jetzt gibt es Tage, die zählbar sind, neue Tage in einem neuen Leben; Tage, in denen eine Krebskranke etwas sein kann für die Ihrigen; Tage eines weisen Herzens. Tage gewonnener Zeit. Weil Jesus Christus lebt, darum erfährt die Bitte des 90. Psalms die Antwort eines Kluggewordenen. — Rufen wir: »Lehre uns bedenken, daß wir sterben müssen«, antwortet uns einer: »So sollt auch ihr euch als solche ansehen, die für die Sünde tot sind, aber für Gott leben, in Christus Jesus, unserem Herrn.«

Wer für Gott lebt, zählt gegen den Tod. Wo er auch geht, unternimmt er einen »Protestmarsch gegen den Tod«, weil er auf das Leben zugeht. Auch wir gehen auf das Leben zu.

Herr Christus,
Schenk uns offene Augen für das Elend der Welt
Und für den Gram unseres Nächsten.
Schenk uns offene Augen,
Daß wir deine Herrlichkeit sehen,
Die alles neu macht.

Schenk jedem von uns ein weises Herz.
Befreie uns, dein Volk, von aller christlicher Dummheit.
Nimm die Sünden der Väter von uns.
Laß uns aufstehen,
Etwas werden für unsere Stadt und unser Volk.

Um das gleiche bitten wir für die Christen in aller Welt.
Für unsere Brüder in Afrika bitten wir heute besonders,
Laß sie aufstehen gegen das Unrecht und gegen den Tod.

Für alle Menschen,
Die gedankenlos in ihren Tod gehen,
Bitten wir.
Für alle Menschen,
Die den Tod anderer verursachen,
Bitten wir.

»Lehre uns unsere Tage zählen,
daß wir ein weises Herz gewinnen.«

Nach dem Sterben und schon vorher
- der Geist

Das letztemal habe ich die Frage gestellt: Was ist der Tod? — Heute möchte ich die Frage stellen: Was kommt danach? Was kommt nach dem Sterben? Was ist mit den Toten? — Vielleicht wird uns Antwort aus einer Stelle des Römerbriefes:

»Wenn aber der Geist dessen, der Jesus von den Toten auferweckt hat, in euch wohnt, so wird er, der Christus von den Toten auferweckt hat, auch eure sterblichen Leiber lebendig machen durch seinen Geist, der in euch wohnt« (8, 11).

Werden wir diesen Satz als Antwort auf unser Fragen verstehen lernen? — Ich fürchte, wir kommen nur auf Umwegen zu einer Antwort. Ein erster Umweg, ein Jugenderlebnis:

Als er noch lebte, sah ich ihn oft im Dorf, ein großer Schnauz, qualmend eine Tabakspfeife, Halbleinen, ein kleines Männlein mit Rucksack. Das sei Fritz Kormann, sagte man mir.* Und eines Tages sagte man mir, er sei gestorben. Die Zeitung brachte die Todesanzeige. Am Sonntag darauf kamen seine Söhne in Schwarz.

Etwa zehn Tage später aber sah ich ihn wieder. Ich könnte heute noch die Stelle zeigen, wo er ging, mit Schnauz, Pfeife und Rucksack. Ich erschrak bis in die Nächte hinein. Begegnete ich einem der Kormann-Söhne, trug er immer noch Schwarz. Langsam begriff ich: Offenbar hatte ich Fritz Kormann damals mit einem anderen Männlein verwechselt. Man sieht oder ahnt die Peinlichkeit, die die Toten uns und vielleicht sich selbst nicht minder bereiten würden, müßten sie

---

* Der Name ist hier verändert.

auferstehen, akkurat wie sie waren, mit Schnäuzen, Rucksäcken und qualmenden Tabakspfeifen.

Wäre die Auferstehung so etwas wie eine Wiedervereinigung von Seele und Leib und käme dabei immer wieder der alte Fritz, der alte Kormann, der gleiche Bohren und also der alte Adam zum Vorschein, wäre die Auferstehung eine Fortsetzung dieses Lebens, eine in alle Ewigkeit fortgesetzte Langeweile und Peinlichkeit. Man könnte vielleicht darauf verzichten. So hat man in Indien die Idee vom »Nirvana« entwickelt, ein schöner Gedanke, einzugehen in ein großes Verwehen: einmal verlöschen und damit aller Erdenschwere ledig sein.

Ein zweiter Umweg: In der Pariser Mai-Revolution 1968 hat einer an die Wand geschrieben: »Le mort est nécessairement une contrerevolution.« — »Der Tod ist notwendigerweise eine Gegenrevolution.«

Kurt Marti hat dazu in seinen Leichenreden ein Gedicht verfaßt:

»das könnte manchen herren so passen
wenn mit dem tode alles beglichen
die herrschaft der herren
die knechtschaft der knechte
bestätigt wäre für immer

das könnte manchen herren so passen
wenn sie in ewigkeit
herren blieben im teuren privatgrab
und ihre knechte knechte in billigen reihengräbern

aber es kommt eine auferstehung
die anders ganz anders wird als wir dachten
es kommt eine auferstehung die ist
der aufstand gottes gegen die herren
und gegen den herrn aller herren: den tod«

Auch das Nirvana »könnte manchen herren so passen«: Indische Weltanschauung verschönt europäischen Reichtum.

Die beiden Umwege zeigen folgendes Ergebnis: Wäre die Auferstehung nur ein Anhang zu diesem Leben, nur eine Verlängerung, müßte die Auferstehung eine Art Hölle in Ewigkeit sein. Gäbe es aber keine Auferstehung, würde die Hölle auf der Erde ewig. Es gäbe keine Gerechtigkeit, nur den Sieg des Unrechts. »das könnte manchen herren so passen.« — Wenn darum einer sagt: Auferstehung ist Quatsch, würde ich ihm — einen Politiker variierend — antworten: Keine Auferstehung ist noch quatscher, eine Zwecklüge, um die Herrschaft des Todes zu verlängern und »die herrschaft der herren« zu stützen, die unsere Welt mit Unrecht überzieht.

»es kommt eine auferstehung, die ist
der aufstand gottes gegen die herren
und gegen den herrn aller herren: den tod«

Wie aber werden wir dabei sein? —
Vielleicht darf ich nach zwei Umwegen nochmals Paulus das Wort geben: »Wenn aber der Geist dessen, der Jesus von den Toten auferweckt hat, in euch wohnt, so wird er, der Christus von den Toten auferweckt hat, auch eure sterblichen Leiber lebendig machen durch seinen Geist, der in euch wohnt.« — Zweimal fällt das Stichwort »Geist«. Fragen wir Paulus: Was kommt danach? Was kommt nach dem Sterben? — antwortet er uns: Nach dem Sterben kommt, was jetzt in euch wohnt, »Geist«. Der Apostel spricht von einem ganz bestimmten Geist, der jetzt in uns wohnt.
Dieser Geist ist der Antitod.
Nach zwei Umwegen ein kleines Gedankenspiel zum Thema »Geist«, ein Gedankenspiel in drei Gleichnissen: Ein Student bläst auf einem Saxophon, er bewegt den Kopf, die Füße, der ganze Körper gerät in Bewegung. In diesem Studenten wohnt der Geist der Beat-Musik. Und wer weiß, vielleicht spielt er gegen den Tod. — Eine Dame öffnet ihre Handtasche, prüft das Rot ihrer Lippen und zieht mit dem Stift die Lippen

nach. Sie ist ganz dabei, diese Dame, erfüllt von dem Wunsch, schön zu sein. Auch das ist Geist, ein Versuch, dem Verfall zu begegnen. — Ein Betrunkener torkelt über die Straße, vor sich hinredend. Auch er hat Geist in sich. Er versuchte, dem Elend zu begegnen. Er sagte »Gesundheit«.

Der Student, die Dame, der Betrunkene, sie machen uns etwas vor: Ihr Geist hat Wohnrecht, Hausrecht bei ihnen. Ihr Geist ist Herr im Hause ihres Seins. Ihr Geist bestimmt den Augenblick, ihr Geist ist ihr Leben. Die drei haben einen je andern Geist. Der je andere Geist hat in der Art und Weise seines Wirkens, im Bewohnen und Bewegen des Menschen eine Ähnlichkeit. Allerdings ist der Geist Jahwes mit dem Geist der drei nicht zu vergleichen, und doch verhält auch er sich in einer gewissen Ähnlichkeit zum Geist der drei. Er wohnt den Menschen ein, motiviert sie. Nach der Meinung des Paulus macht das die Christen aus, daß der Jahwegeist ihren Körper bewegt, sie schön macht, sie zum Reden bringt, und dieser Geist ist nicht nur unsterblich. Er bringt Leben in die Toten.

Aber nun fürchte ich, daß »der Geist dessen, der Jesus von den Toten auferweckt hat«, nicht so in uns Christen wohnt wie die Beatmusik im Saxophonisten. Ich fürchte, daß wir unsern Kopf und unsere Füße kaum oder gar nicht bewegen lassen vom Geist des Antitodes. Ich fürchte, daß wir Christen weniger intensiv bemüht sind als die Dame beim Make-up, schön zu werden. Ich fürchte, daß wir den Geist Gottes nicht so durstig in uns aufnehmen wie der Trinker den Wein. »Wenn aber der Geist dessen, der Jesus von den Toten auferweckt hat, in euch wohnt.« — Wohnt dieser Geist in Euch? »Wer Christi Geist nicht hat, der ist nicht sein.«

Dieser Geist verhält sich merkwürdig bescheiden, er läßt sich in die Ecke drängen. Er läßt sich verjagen. — Er zieht sich eher zurück. Er scheint verletzlich zu sein. Scheu. Betrübbar.

Er setzt Jesu Niedrigkeit fort. Dieser ließ sich verhaften, vor die Stadt hinausführen, wehrlos. So gibt sich Jesus heute in seinem Geist, wehrlos. Er ist der Herr; aber die Menschen können machen mit ihm, was sie wollen. Stärker als der Tod, erscheint er ohne Kraft. Sein Wesen ist Unabhängigkeit; aber er tut so, als wäre er von uns abhängig. Er erfüllt das All und kommt als Untermieter zu den Menschen. In der Predigt des Evangeliums, im Votum eines Christen, begehrt er Einlaß als Untermieter. —

Wo er eingelassen wird, entwickelt er eine merkwürdige Gewalt. Wenn Paulus das erstemal im Römerbrief vom Geist spricht, notiert er dessen Macht: »Denn das Gesetz des Geistes des Lebens hat mich in Jesus Christus frei gemacht von dem Gesetz der Sünde und des Todes.« — Das heißt: Der Geist hat Macht, die aufsteht gegen die Mächte, mit denen wir hier nicht fertig werden. Der Geist erscheint als Macht der Freiheit, die mit der Gegenrevolution fertig wird. »Der Christus von den Toten auferweckt hat, wird auch eure sterblichen Leiber lebendig machen durch seinen Geist, der in euch wohnt.«

Ich bin von der Frage ausgegangen: Was kommt nach dem Tod? Jetzt muß ich die Frage nach dem Geist stellen, die Frage nach dem Wohnrecht in uns. Zweimal bezeichnet Paulus den Geist als solchen, »der in euch wohnt«. Für ihn besteht kein Zweifel: in den Christen zu Rom wohnt der Auferweckungsgeist.

Wie aber können wir den Geist in uns haben? Wie soll er in uns wohnen? Nehmen wir uns nochmals den Saxophonisten zum Exempel und scheuen wir uns nicht, auch vom Trinker zu lernen! — Der Saxophonspieler hat geübt. Er hat Musik gehört, und sie hat ihn nicht losgelassen. Wer Christi Geist hat, der hat einmal Musik gehört, Musik, für die es sogar ein Notenbuch gibt! — Aber mehr noch:

Ich meine, daß der Geist, der Jesus auferweckt hat, buchstäblich etwas mit Musik zu tun hat. — Elisa, der

Prophet, läßt einen Spielmann kommen: »und als der Spielmann die Saiten schlug, kam die Hand des Herrn über ihn.« — Paulus aber kann die Auferstehung als musikalischen Anlaß schildern: »denn die Posaune wird erschallen, und die Toten werden auferstehen.« — Dazwischen gibt es die Mahnung zum Klingen, Singen, Spielen: »Werdet voll heiligen Geistes, . . . singet und spielet in euren Herzen dem Herrn!« Der Geist, der ins Leben ruft, ist ein Geist der Musik, ein Geist des Spiels, ein Freudengeist. Die Wunder, die er schafft, schafft er zum Freuen. Darum singen schon die Vögel — wie Buytendijk meint — »viel mehr, als nach Darwin erlaubt ist.«

Warum eigentlich ein christlicher Langweiler bleiben? Warum nicht von den Vögeln lernen? Christus kam aus dem Grab, damit Musik die Gräber besiege, Musik, die jetzt schon die Glieder ergreift. Bei Miskotte las ich den Satz: »Er läßt alle Tänzer und Spieler auf dem Markt des Lebens stillestehen und setzt einen himmlischen Tanz in den Gliedern der Seinen frei.« — Wie fängt das an?

Ganz allmählich wie bei der Musik. So, daß ein Mensch zu hören beginnt und nicht mehr tut, was er sonst tut, sondern sich nach dem bewegt, was die Musik will. Der Geist bringt offenbar einen neuen Rhythmus in die Glieder. Eine neue Gangart, Tanzschritte, himmlische. Der Rhythmus kommt über den, der sich der Musik hingibt.

Lernen wir darum vom Saxophonisten, lernen wir auch von dem, der torkelnd vor sich her redet. Das Trinken hat ihn trunken gemacht. Gottes Geist wird im Evangelium etwas Trinkbarem verglichen: »Wenn jemand dürstet, komme er zu mir und trinke.« Auch Trunkenheit hat eine gewisse Vergleichsmöglichkeit mit dem Geist. Am Pfingstfest muß sich Petrus gegen den Vorwurf wehren, die Jünger wären betrunken. Offenbar haben sie dem entsprechend ausgesehen. In dem Epheserbrief werden Weinrausch und Geistesfülle gegeneinandergesetzt, wenn es dort heißt: »Werdet trunken im Geist.« — Wo gibt es diese Menschen, die so voll sind von Gott, daß sie taumeln?

Aber nun wird der Geist nicht nur als ein Innen beschrieben, sondern auch als Außen: Wenn Christus-Geist in uns wohnt, umgibt er uns auch. Es hat den Anschein, nach der Bibel habe der Geist etwas mit Kosmetik zu tun. Nach Hiobs Wiederherstellung heißen seine Töchter »Täubchen«, »Wohlgeruch« und »Schminkbüchschen«. Nachdenkenswert: der von Gott zu Ehren Gebrachte nennt seine dritte Tochter »Schminkbüchschen«. — Nach den Sprüchen Salomos erfreut Salböl das Herz (27, 9). — Jesus mahnt die Fastenden, das Haupt zu salben. — Paulus stellt Salbung und Geistbegabung nebeneinander: Gott hat uns gesalbt und uns mit dem Geist versiegelt. — Ich nehme die Kosmetik zum Bild für das Leben im Geist. Der Geist macht schön, gibt neue Farbe, neuen Glanz. Er bedeckt, er verändert vorteilhaft.

Am Betrunkenen, an der Dame, an dem Studenten mag es uns klarwerden, was der Geist ist: Ein Wille, ein Wunsch, eine Veränderung des Bewußtseins, ein neues Ich. Dieses neue Ich fragt nicht mehr: Was kommt nach dem Tod? Es fragt: Wann hört das Sterben auf? Wann wird der Gegenrevolution »Tod« ein Ende gesetzt? Das neue Ich überholt den Tod. — Das neue Ich ist für jeden zur Welt gebracht. Darum ist Weihnacht geworden, damit jeder ein neues Ich bekomme, damit Jesus jetzt in dir lebe und groß werde, damit sein Geist in dir wohne. Das wäre noch mehr als eine Erweiterung des Bewußtseins; das wäre ein neues Bewußtsein. Der Saxophonist, die Dame mit dem Spiegel und der Betrunkene demonstrieren uns, wie wenig Christus-Geist wir in den Gliedern haben. Johann Christoph Blumhardt meinte, die gläubigen Christen hätten genug Geist zum Seligwerden. Zur Vollendung des Reiches Gottes aber hätten sie zuwenig Geist. Diese Behauptung sollte zu denken geben. Angesichts unserer heillosen Welt

können wir Christen uns nicht mit dem eigenen Seligwerden begnügen und erst recht nicht im Blick auf den
verheißenen Geist.

Am Grab stehen - und vor der Freude

Freuet euch in dem Herrn allezeit!
Philipper 4, 4

Ich sehe Frau von Friesen noch vor mir, wie sie einem in Wuppertal die Tür öffnete. Zuerst guckte sie einen Augenblick lang kritisch, dann strahlte sie und lud mit der ihr eigenen Gebärde ein, Platz zu nehmen; nun saß sie einem gegenüber aufmerksam, sachlich. Man spürte, sie war ganz da. — Auch wenn man eilig und dienstlich kam, öffnete sie einem die Türe — war immer etwas von einem großen Empfang.

Vielleicht darf ich an diesen Wesenszug anknüpfen, um das Pauluswort auszulegen, auf das wir in dieser Stunde zu hören haben. Es öffnet uns jetzt eine Tür, läßt uns nicht in der Trauer stehen, lädt uns hinein, weist uns einen Platz an: »Freuet euch in dem Herrn allezeit.« »In dem Herrn« gibt es Raum für uns. Ob wir es spüren oder nicht, einer ist da für jeden von uns, ganz da. Seit Pfingsten ist er gegenwärtig im Geist. Auch wenn wir ihn nicht sehen, so bereitet er uns doch etwas von einem großen Empfang: »Freuet euch in dem Herrn allezeit.«

Das ist ein Befehl, ein guter Befehl, den wir, vom Tode eines Menschen Betroffene, nötig haben. Es ist ein unmöglicher Befehl, wenn wir auf uns blicken; aber er wird möglich durch den, der Freude ist und Freude gibt, die nie vergeht. »Jesu, meine Freude«. So haben wir gesungen, und so ist es wahr. Für uns, die wir Abschied nehmen und für die Verstorbene wahr: Ob wir leben oder ob wir sterben, der auferstandene Jesus Christus ist um uns. Seine Freude ist um uns. Seiner Freude gehen wir entgegen. Seine Freude kommt, und der Befehl zum Sich-Freuen weist uns an, auf seine Zukunft hin zu leben. Darum steht kurz nach unserem Befehl die Verheißung: »Der Herr ist nahe.« Wenn er einmal ganz da ist, ist auch die Freude ganz da. Wenn er einmal erscheint, erscheint die Freude; dann wird es kein Problem mehr sein, sich allezeit zu freuen. — Ich denke, daß da, wo ein Mensch im Glauben stirbt, er hinüberwechselt aus dem Leiden in die Freude. Was jetzt Befehl ist, wird selbstverständlich und geht ohne Befehl. Ewiges Leben ist ewige Freude, und ewige Freude teilt sich schon in dieser Zeit mit und teilt sich nicht zuletzt in Personen mit. Dies ist das Geheimnis eines jeden Christenlebens, daß es etwas von Gott hat und etwas für Gott ist. — Weil wir jetzt in dieser Stunde des Abschieds diesem Befehl zur Freude nachkommen möchten, erinnern wir uns dankbar daran, wer Frau von Friesen war und was wir an ihr hatten — und auch jetzt noch haben. Wir wissen dabei sehr wohl, daß nicht wir es sind, die das letzte Wort über einen Menschen sprechen. Wir müssen darum vorsichtig sein, daß wir nicht zuviel sagen. Und ich meine, dies wäre auch im Sinne der Verstorbenen: Sehe ich recht, war sie ein Mensch, der nie etwas aus sich gemacht hat. Das kann ein Zeichen sein für einen Menschen, aus dem Gott etwas macht. Und da sollte man freilich auch nicht zuwenig sagen. So bekommt der Satz wohl einen tiefen Sinn: Sie war eine wunderbare Frau.

Wo Gott etwas macht aus einem Menschen, wo er ihn wunderbar macht, läßt er ihn auch das erleben, was wir nicht verstehen, was die Leute Schicksalsschläge nennen. Ich denke an den Verlust des Gatten, an den Verlust der Heimat, an den Verlust eines Kindes. — Was ihr genommen wurde, machte sie nicht arm, sondern reich. Statt Selbstmitleid pflegte sie einen Humor, in dem sie sich selber überlegen war. Und ihr, der die Tür gewiesen wurde, war es gegeben, Türen zu öffnen. Ich denke, wir sollten all das, was uns an dieser Frau bemerkenswert und verehrungswürdig erscheint, nicht isoliert von dem sehen, der uns nahe ist; denn es ist ja doch auch so, daß Christus uns durch Menschen beschenkt, daß er uns in Menschen nahe ist: So wurde sie nicht einsam im Alter, war nicht allein, wie so viele Menschen heute allein sind, sondern blieb bis zuletzt liebend umgeben von den Ihren. — Es soll nicht Menschenruhm sein, sondern Ausdruck der Freude, wenn ich andeute, was sie während einem Dutzend Jahre der Kirchlichen Hochschule bedeutete: Ein Mensch, der Autorität hatte, weil er streng war mit sich selber; eine Frau, der man nichts vormachen konnte und die einem nichts vormachte. Ich denke, meine Kollegen werden einverstanden sein, wenn ich sage, daß sie uns allen überlegen war, überlegen auch darin, daß sie Freude ausströmte. Sie, die eine sichere Welt verlassen mußte, gab Sicherheit; sie übte die schenkende Tugend in einer Noblesse, die nicht Dank erwartet: »Eure Lindigkeit lasset kundsein allen Menschen«, heißt es nach unserem Textwort. Das tat sie, ohne Lindigkeit mit Weichlichkeit zu verwechseln. Sie konnte auch hart sein. In ihrer Natürlichkeit bildete sie einen stillen Mittelpunkt unserer Hochschule. Vielen wurde sie eine Mutter. Wer vielen Mutter wird, muß viel Tröstliches haben, hat viel zu trösten.

Wenn ich nun das, was uns Frau von Friesen war, zusammenbinde mit unserem Text, wird auch deutlich, wie geheimnisvoll, wie verborgen Christus in einem Menschen lebt; denn nichts lag der Verstorbenen ferner, als sich selbst etwa zu einem Heiligenbild zu stilisieren. — Jesus ist uns so nahe, daß er sich hinter Menschen in unserer Nähe gleichsam versteckt. — Allerdings würde die Freude wachsen in der Christenheit, wenn wir besser aufmerken würden auf das, was uns der Auferstandene in der Nähe durch Menschen gibt und schenkt.

Ich kann mir vorstellen, daß das, was wir an ihr schätzten, was uns an ihr freute und freut, in noch viel größerem Maß die Kinder und Enkel, die Schwester und ihre Familie erfahren haben. Es ist ein unschätzbarer Wert für die Enkel, daß ihnen durch die Großmutter das

Herkommen, die Tradition nahe gebracht wurde. —
Mit ihrem Leben und Sterben aber weist sie auch auf
die Zukunft, auf eine Heimat, der wir alle entgegenge-
hen. Und so soll diese Stunde der Erinnerung und des
Gedenkens an Frau von Friesen eine Stunde des Se-
gens sein und bleiben: »Freuet euch in dem Herrn allezeit!«

Heiliger Gott,
Du Schöpfer aller Menschen,
Wunderbar ist das Leben, das du schenkst,
Erhältst und begleitest.
Du krönst es mit Ehre und Hoheit.
So danken wir für all das Gute,
Das du der Verstorbenen hast zukommen lassen.

Herr Jesus Christus,
Du bist uns nahe und tust uns viel Gutes
Durch die Menschen, denen du Gutes getan hast.
So danken wir für all das,
Was du durch die Verstorbene an uns getan hast.
Und wir bitten: Öffne uns die Augen,
Daß wir dich in denen erkennen,
Die in unserer Nähe an dich glauben.

Herr Jesus Christus
Du kennst unsere Hilflosigkeit
Gegenüber dem Tod und gegenüber den Toten.
Wir können nur beerdigen;
Aber du kannst auferwecken.
Und du tust es.
Und endlich wirst du alle Trauer
In deine Freude hineinnehmen.

So mach uns stark in deinem Geist.
Stark im Glauben,
Stark in der Hoffnung,
Stark in der Freude,
Damit wir etwas seien zu deiner Ehre!

Gebete – Lied

»Behalte im Gedächtnis Jesus Christus, der von den Toten auferweckt worden ist, aus der Nachkommenschaft Davids, nach meinem Evangelium« (2. Tim. 2, 8).

Da sind wir von neuem versammelt,
Als Uninteressierte,
Als Freudlose,
Die dich vergessen haben.

Als Selbstgerechte,
Als Überhebliche,
Die dich vergessen haben.

Als Müde,
Als Kranke,
Als Tote,
Die dich vergessen haben.

Vieles trennt uns voneinander,
Nur in der Vergeßlichkeit gleichen wir uns.

Darum bitten wir:
Rufe du dich selbst uns ins Gedächtnis,
Damit wir ein neues Verhältnis zu dir bekommen.
Gib uns ein neues Erinnerungsvermögen,
Stärke unsere Verbindung mit dir,
Damit wir dir konform werden.
Amen.

»Christus spricht: Selig seid ihr, die ihr jetzt hungert;
denn ihr werdet gesättigt werden. Selig seid ihr, die ihr
jetzt weint; denn ihr werdet lachen« (Luk. 6, 21).

Wir kommen zusammen
Und kommen zu dir, Christus Jesus,
Wir sehen einander im besten Fall von außen.
Du siehst auf jeden Fall
Jeden von innen:

Den Ängstlichen, den Nervösen, den Neurotiker,
Den Überanstrengten, den Gehetzten, den Depressiven
Siehst du mit dem Blick,
Mit dem du siehst
Mit dem Blick deiner Liebe.

Auch den Selbstgerechten, den Selbstzufriedenen
Den Satten, Sorglosen, Gleichgültigen,
Hochmütigen,

Wie siehst du sie?
Wie siehst du uns?
Magst du uns überhaupt sehen?
Wird es dir nicht langweilig?
Hältst du es aus, uns anzusehen?

Christus Jesus,   verändere,
Verändere uns!   Amen.

Gebet nach Lukas 6, 20—26

Du willst, daß wir sind,
Was wir nicht sein wollen;
Denn:
Arm — hungrig —
Deinetwegen gehaßt — in Tränen
Möchten wir nicht sein.

Du willst, daß wir nicht sind,
Was wir sein möchten;
Denn:
Reich — satt —
Wohlangesehn — lachend
Möchten wir wohl sein.

So bitten wir:
Setze deinen Willen
Gegen unsern Willen durch,
Damit wir werden,
Was wir nicht sind:
Selig.   Amen.

»Christus spricht: Wenn nun ihr, die ihr (doch) böse seid, euren Kindern gute Gaben zu geben wißt, wieviel mehr wird der Vater im Himmel den heiligen Geist denen geben, die ihn bitten« (Luk. 11, 13).

Wir aber waren zu träg,
Zu stolz oder zu dumm,
Dich um das zu bitten,
Was du gerne gibst.

Darum bitten wir,
Nimm von uns,
Was von dir trennt,

Gib, was uns mit dir verbindet.
Schenk deine Gegenwart.
Laß uns deine Gegenwart erfahren.

Erweise dich an jedem einzelnen
Als der Gegenwärtige.
Gib jedem, was er nötig hat,
Etwas von dir.
                    Amen.

Gebet zu Klagelieder 3, 39—44

Da stehen wir,
Und wissen nicht,
Wie mit dir reden.

Wie sollen wir es wagen,
Dich anzurufen?

Wir rufen dich an,
Weil wir vergehen,
Wenn du nicht redest.

Wenn du nicht antwortest,
Vergehen wir.
So rede jetzt,
Herr.   Amen.

»Das ist der Sieg, der die Welt überwunden hat: unser Glaube« (1. Joh. 5, 4b).

Christus Jesus, wir haben nichts zu bringen.
Nur die Klage über unseren Kleinglauben.
Anstatt im Glauben die Welt zu überwinden,
Ließen wir uns von der Welt imponieren und ängstigen.

Als Gefangene und Geschlagene bitten wir:
Habe Geduld mit uns,
Wende die Klage in Jubel,
Damit wir etwas werden
Und etwas sind
Zu deiner Ehre.   Amen.

»Christus spricht: Wo zwei oder drei in meinem Namen versammelt sind, da bin ich mitten unter ihnen«
(Matth. 18, 20).

Zu dir, Christus Jesus,
Kommen wir.
Du wirst unter uns sein.
Du hast's uns versprochen,
Du wirst reden zu uns.

Auch zu dem Kinde,
Das wir heute taufen,
Wirst du reden.

Öffne unsere Herzen,
Dein Wort erleuchte uns,
Dein Geist bleibe in uns,
Dein Geist, der die Erde erneuert.
                                        Amen.

»Dazu ist der Sohn Gottes erschienen, die Werke des
Teufels zu zerstören« (1. Joh. 3, 8b).

Du willst nicht das Leid,	sondern	die Freu...
Du willst nicht krank machen,	sondern	heil...
Du willst nicht den Tod,	sondern	das Leb...

So bitten wir:
Nimm jetzt selbst teil an unserer Versammlung.
Befreie jeden von dem, was ihn belastet.
Gib jedem, was er braucht.

Wo einer von uns einsam ist,	schenk ihm	Freundscha...
Wo einer von uns zweifelt,	stärke ihm	den Glaube...
Wo einer von uns trauert,	rühre ihn an mit	deinem Gei...
Wo einer von uns leidet,	laß ihn schauen	dein He...
		Ame...

Fürbitte

Du, Herr der Vergebung,
Erneuere uns, dein Volk.
Mach einen jeden von uns
Zum Werkzeug deines Friedens.

Sei du mit dieser Stadt
Und allen die hier Verantwortung tragen.

Wir bitten dich für diesen Staat,
Fördere alle Bemühungen der Versöhnung
Und der Verständigung zwischen Ost und West.

Wir bitten dich für alle Unterdrückten
Und Ausgebeuteten,
Für die Gefolterten und Hungernden,
Für alle, die um ihres Glaubens willen leiden.

Herr der Welt überlaß die Erde nicht
Den Tyrannen.
Laß dein Recht, deinen Frieden,
Auf Erden wohnen.
Und laß deine Freude wachsen,
Damit alle Menschen dich loben.
                                          Amen.

Lied für Kleingläubige und Wassersportler
nach Markus 4, 35—41

hast du geträumt
schläfer im sturm
wach   auf

menschheit erschöpft
schöpfung   verderbt
hilf   du

gift in der luft
fische   vergift
au   wei

schöpfung entgift
rett   die natur
mach   neu

neure die welt
lüfte   die luft
rett   uns

stiller des sturms
winddirigent
red   laut

gib uns den geist
brüderlichkeit
im   schiff

hilf uns beim plan
zukunft   der welt
für   dich

schläfer   im sturm
schlaf nit mehr lang
schnell   kumm

hast du geträumt Schläfer im Sturm wach auf

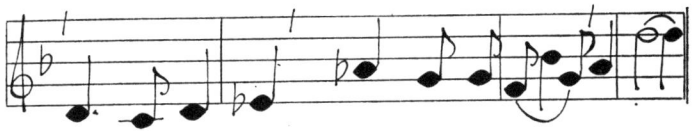

menschheit erschöpft Schöpfung verderbt hilf du

Es sind je zwei Strophen des Textes zusammengezogen.
Nach der letzten Strophe die erste wiederholen.

Folgender 3-stimmiger Satz könnte als Begleitsatz
(Orgel, Klavier) verwendet werden:

Rudolf Bohren

Seligpreisungen der Bibel
– heute

Mit einem Anhang: Traktat über das Lesen von Predigten 1974. 3. Auflage. 160 Seiten, Paperback DM 16,–

Texte zum Weiterbeten

1976. 112 Seiten, Paperback DM 12,80

Neukirchener Verlag